la
APROBACION

la dosis de
APROBACIÓN

Cómo romper con el hábito de complacer a la gente

JOYCE MEYER

New York | Boston | Nashville

FaithWords
Hachette Book Group
237 Park Avenue
New York, NY 10017

www.faithwords.com

SPANISH
241.4
May

Impreso en los Estados Unidos de América

WOR

Primera edición: Junio 2014
10 9 8 7 6 5 4 3 2 1

FaithWords es una división de Hachette Book Group, Inc.
El nombre y el logotipo de FaithWords es una marca registrada de Hachette Book Group, Inc.

El Hachette Speakers Bureau ofrece una amplia gama de autores para eventos y charlas. Para más información, vaya a www.hachettespeakersbureau.com o llame al (866) 376-6591.

ISBN: 978-1-4555-5327-3

CONTENIDO

INTRODUCCIÓN

¿**C**uántas veces ha escuchado o sentido: "¡Usted ha sido aprobado!"? Quizá lo escuchó cuando estaba solicitando un empleo o tratando de comprar una casa, o lo sintió cuando acordó casarse con el amor de su vida.

Con frecuencia, no sentimos ni escuchamos que somos aprobados lo suficiente como para que nos lleve a creerlo. Como no hemos aprendido a descansar en el hecho de que Dios nos aprueba todo el tiempo, muchos de nosotros vamos por la vida sintiéndonos "equivocados", inseguros o rechazados de alguna manera. No siempre nos amamos a nosotros mismos ni sentimos que los demás realmente nos amen, acepten o aprueben.

La manera en que pensamos de nosotros mismos y las maneras en que otras personas nos tratan nos lleva a perder la confianza en nosotros mismos y a desarrollar una baja autoestima.

Esto nos deja sintiéndonos vacíos y hambrientos por dentro, y buscamos satisfacernos a nosotros mismos haciendo cosas que van a hacer que les agrademos a los demás, que nos afirmen y que nos aprueben. Terminamos con lo que yo llamo "adicción a la aprobación". Creo que la adicción a la aprobación corre desenfrenada en nuestra sociedad, el día de hoy. No se encuentra limitada a un cierto grupo etario, género u esfera socioeconómica. ¡Puede sucederle a cualquiera! Cuando ocurre, las personas se pueden sentir inseguras o rechazadas y pueden perder su sentido de identidad único dado por Dios, porque renuncian a su verdadera personalidad o no desarrollan sus dones en un esfuerzo por hacer y ser lo que los demás creen que ellos deben hacer y ser.

Conozco de primera mano cuán negativamente el deseo de ser aprobado puede afectar la vida de las personas, porque lo he experimentado. Cualquiera que haya sido lastimado fuertemente a través del maltrato o del rechazo severo, como yo, a menudo busca la aprobación de los demás para vencer sentimientos de rechazo y baja autoestima.

Sufren a causa de esos sentimientos y utilizan su adicción a la aprobación para tratar de aliviar el dolor. Se sienten miserables y si alguien al parecer no los aprueba en cualquier manera y por cualquier razón, permanecen ansiosos a causa de la desaprobación hasta que se vuelven a sentir aceptados nuevamente. Pueden hacer casi cualquier cosa para ganarse la aprobación que sienten haber perdido; incluso cosas que su conciencia les dice que están mal. Por ejemplo, si una persona no se siente aprobada cuando declina una invitación, podría cambiar sus planes y aceptar la invitación simplemente para obtener aprobación.

Cede por causa de sentirse aprobada.

Lamentablemente, la gente hace cosas como esta a menudo; es la única manera en que conocen que pueden alimentar su necesidad de aprobación y evitar sentirse rechazados.

Las buenas noticias son que nadie tiene que seguir tratando de encontrar valía, validación o valor en la aprobación de otras personas. Nadie tiene que seguir sufriendo de inseguridad o rechazo.

Nadie tiene que esforzarse por agradar a otros al mismo tiempo de sentirse miserable al hacerlo. ¡Esta es una cura a la adicción a la aprobación! La Palabra de Dios dice que podemos estar seguros a través de Jesucristo (vea Efesios 3:17). Esto significa que somos libres de ser nosotros mismos y volvernos todo lo que podemos ser en Él.

Si ha descubierto que es adicto a la aprobación, y pasa demasiado tiempo y energía tratando de hacer que la gente lo acepte, creo que este libro puede cambiar su vida en las maneras más positivas. El cambio mayor quizá no suceda de inmediato, pero las páginas siguientes incluyen muchos principios probados que han ayudado a miles de personas, incluyendo a mí misma, a liberarse de la adicción a la aprobación.

También incluyen varias historias con las que creo que se identificará y de las que puede aprender lecciones valiosas para su vida. Soy una prueba viviente de que una vida llena de inseguridad, rechazo, temor y dolor puede ser transformada en una vida de confianza, aceptación, amor, paz, gozo y fuerza. ¿Le parece bien? Entonces, ¡comencemos!

PARTE 1

Acepte quien es usted

CAPÍTULO
1
Dios lo ama

Carol era una joven madre miserable y frustrada. Constantemente se comparaba con otras personas que conocía y se esforzaba por ser como ellas. Quería ser la cocinera que había sido su madre, la madre que sus amigas eran y la esposa que su marido exageradamente exigente esperaba que fuera. Era una mamá "que se quedaba en casa" con tres niños pequeños y tenía las manos llenas, pero a menudo sentía que podía también trabajar en un empleo a tiempo completo para ayudar con las finanzas de la familia. Nunca estaba relajada, ni disfrutaba sintiéndose confiada.

Trataba tan duro de ganarse la aprobación de todos que estaba agotada mental, emocional y físicamente la mayor parte del tiempo. Temía el rechazo de la gente que amaba y vivía su vida cada día tratando de mantenerlos felices más que de seguir a Dios y su propio corazón. Se sentía aprisionada por sus temores y estaba en una trampa de la que no sabía como escapar. Carol también estaba comenzando a sentirse amargada porque sentía que las exigencias de los demás le estaban robando su vida, pero realmente lo que le estaba robando la vida era su falta de disposición a confiar en Dios y ser lo suficientemente valerosa para ser la persona que Él quería que fuera.

Ella quería que las demás personas cambiaran y fueran menos exigentes, pero Dios quería que ella cambiara y fuera lo suficientemente audaz para confrontarlos cuando fuera necesario. Todos debemos aprender a defender nuestro derecho a ser nosotros mismos y no rendirnos a la presión que frecuentemente sentimos de ser alguien que verdaderamente no sabemos cómo ser.

Carol estaba buscando significado en todos los lugares equivocados. Ella seguía tratando de obtener de la gente lo que solamente Dios le podía dar, que era amor incondicional y aceptación. La raíz de su problema era que se sentía culpable y avergonzada de ser ella misma debido a un abuso sin resolver de su infancia, y ella necesitaba sanidad emocional de parte de Dios. Sin importar cuántas personas ella tratara de agradar en su vida, nunca se sentiría completa y plena hasta que recibiera a Jesús como su Salvador y aprendiera a verse a través de sus ojos.

———

¿Se identifica con Carol? Si es así, ore y pídale a Dios que esté listo para permitirle a Jesús que lo libere de la tiranía de agradar a los demás y de ser un adicto a la aprobación. ¿Vive bajo una carga de culpa o vergüenza, sintiéndose indigno e inseguro? ¿Va usted por la vida sintiendo que algo está mal pero no es capaz de decir qué es? ¿Es usted una persona que busca agradar a los demás, siempre buscando la aprobación de otros?

Si es así, esos sentimientos afectan cada aspecto de su vida. Afectan sus emociones personales; y como usted es cristiano, también afectan de manera adversa su vida de oración, su capacidad para crecer espiritualmente y la procuración de su destino dado por Dios. Ciertamente roban su gozo, su paz y su capacidad de ver con confianza hacia el futuro; y esa no es la voluntad de Dios para usted. Dios quiere que usted viva con confianza en su amor por usted, y que haga y sea con valentía todo lo que Él ha planeado para usted.

La voluntad de Dios para usted es disfrutar su vida y cumplir el propósito para el que lo creó. Para vivir una vida que usted disfrute, una vida llena de propósito, usted necesitará la confianza que proviene de saber que está bien con Dios a través de Jesús, una autoimagen saludable y positiva y buenas relaciones con los demás. Estas cosas no pueden coexistir con la adicción a la aprobación, así que la adicción se tiene que ir.

El primer paso para entender y liberarse de la adicción a la aprobación es entender el temor, porque hay cierta clase de temor que se encuentra en la raíz de una necesidad desequilibrada de aprobación. La gente enfrenta una variedad interminable de temores, pero uno que descubrí en mi propia vida—y con el que probablemente usted también esté lidiando—es el temor de no serle agradable a Dios. Esto es común entre los cristianos que batallan con la adicción a la aprobación.

Si usted fue lastimado por alguien que es difícil o imposible de agradar, probablemente piense que Dios es de la misma manera. ¡No lo es! De hecho, agradar a Dios no es ni siquiera tan difícil como quizá usted piense que es. La fe sencilla e infantil le agrada. Él ya sabe que no somos perfectos y que no nos vamos a comportar perfectamente todo el tiempo. Por eso es que envió a Jesús para pagar por nuestras fallas y errores.

Los creyentes creen

Durante muchos años, batallé con la frustración de tratar de agradar a Dios con un buen comportamiento o incluso conducta perfecta. Al mismo tiempo, temía estar fracasando. Sin importar lo que hiciera bien, al parecer siempre encontraba algo que estaba haciendo mal. Nunca me sentí lo suficientemente buena; sin importar lo bien que hiciera ciertas cosas; siempre sentía que necesitaba hacer más. Pensaba que Dios no estaba agradado de mí, y aunque eso estaba mal, era cierto para mí porque yo lo creía.

Muchas personas, quizá incluso usted, han creído mentiras que las han mantenido en cautiverio. No han podido ser capaces de liberarse a la vida excelente que Dios tiene para ellos simplemente por sistemas de creencias equivocados. Si ha creído mentiras en el pasado, puede dejarlas ir, comenzar a creer la verdad y disfrutar el asombroso futuro que Dios ha planeado para usted.

Los cristianos son llamados *creyentes*. Dios nos acepta por nuestra fe, no por nuestras buenas obras. Si nuestro trabajo fuera lograr, seríamos llamados *logradores* y no *creyentes*. Con frecuencia queremos enfatizar lo que *hacemos*, pero nuestro enfoque debería estar en lo que *Dios* ha hecho por nosotros en Jesucristo. Tenemos una opción: podemos concentrarnos en nuestro pecado y ser miserables, o podemos concentrarnos en el perdón y la misericordia de Dios y ser felices.

Una vez que vemos esta verdad, podemos disfrutar nuestra relación con Dios. No necesitamos sentirnos presionados para comportarnos perfectamente y luego tener miedo de haber fallado cuando nuestro desempeño sea menos que perfecto. Si queremos agradar a Dios con todo nuestro corazón, todo lo que necesitamos hacer es creer en su Hijo Jesucristo y creer lo que dice en su Palabra.

¡Es una trampa!

Creer que debemos desempeñarnos perfectamente para ser aceptados es una trampa del enemigo; no proviene de nuestro Dios. Viví en la trampa del desempeño-aceptación durante muchos años porque era adicta a la aprobación. Sentía que si me desempeñaba bien, entonces Dios y los demás me aceptarían y me aprobarían.

No me sentía bien acerca de mí misma, ni me aceptaba a menos que mi desempeño fuera admirable. Cuando no me desempeñaba bien, automáticamente suponía que Dios me estaba rechazando, porque la experiencia me había enseñado a esperar tal comportamiento de la gente a mi alrededor y yo creía que Dios era como ellos. Dios no nos rechaza cuando cometemos errores, pero si *pensamos* que lo hace, o *tememos* que lo hace, esa mentira se convierte en verdad para nosotros porque la creemos.

Cierta vez tuve una empleada que había sufrido mucho rechazo por parte de su padre cuando no le iba bien en la escuela o no se desempeñaba perfectamente en otros aspectos. Cuando vino a trabajar para nuestro ministerio y el desempeño de su trabajo era cualquier cosa excepto perfecto, yo sentía que ella se alejaba de mí, y sentía que me rechazaba. No solamente se alejaba, también entraba en un frenesí por tratar de hacer más trabajo. Si le preguntaba acerca del estatus de su trabajo, ella solamente parecía calmada y feliz si me podía decir que todo había sido hecho, y que se había hecho *exactamente* de la manera correcta.

No entendí el comportamiento de mi empleada en ese momento, pero a través de oración y de compartir abiertamente descubrí que ella estaba extremadamente asustada de ser rechazada si es que no se desempeñaba perfectamente. Gracias a Dios, con el tiempo aprendió a creer que yo la amaba y la aceptaba aun y cuando su desempeño no fuera siempre perfecto. Esto nos facultó para trabajar juntas con gozo muchos años.

Al igual que yo lo había aprendido en mi propia vida, mi empleada tuvo que aprender a creer lo que yo le decía más que lo que ella sentía. Debemos escoger hacer lo mismo en nuestra relación con Dios. Debemos aprender a confiar en su Palabra más que en nuestros propios sentimientos. Con frecuencia nos inclinamos a nuestros sentimientos sin darnos cuenta de lo volubles y poco confiables que son. Dios nos ama y nos acepta incondicionalmente. Su amor no se basa en nuestro desempeño; Él no nos "califica". Efesios 1:6 dice que somos hechos aceptos en el Amado. Nuestra fe en Jesús, y no nuestro desempeño, es lo que nos hace aceptos a Dios y es lo que le agrada.

Relájese. Dios está agradado.

Cualquiera que ama a Dios quiere agradarlo. El hecho de que deseemos agradarlo lo agrada. Queremos la aprobación de Dios y no hay nada mal con eso. De hecho, un deseo de agradar a Dios es necesario porque nos motiva a buscar su voluntad en todas las cosas. La gente que tiene un profundo deseo de agradar a Dios quizá no se desempeñe perfectamente todo el tiempo, pero siguen esforzándose y continuamente quieren mejorar. Sus actitudes y motivos están bien delante de Dios, y eso le agrada.

En 2 Crónicas 16:9 dice que Dios está buscando a alguien en quien mostrar su poder, alguien cuyo corazón sea perfecto para con Él. Este versículo no dice que está buscando a alguien con un desempeño perfecto, sino a alguien con un corazón perfecto: un corazón que desee agradarlo, un corazón que se duele sobre el pecado y el mal, un corazón que crea en Él y en su disposición y habilidad de perdonar y restaurar. Dios sabe que no podemos lograr la perfección. Si pudiéramos, seríamos perfectos en nuestro desempeño; no necesitaríamos un Salvador y Jesús hubiera venido en vano.

Dios es un Dios de los corazones Él ve y se preocupa por las actitudes de nuestro corazón más que de nuestro desempeño.

Puede relajarse y consolarse en el hecho de que Dios lo aprueba completamente y que usted le agrada. Su aprobación y placer no dependen de usted; descansan completamente en el hecho de que usted está en Cristo y en todo lo que Jesús ha hecho por nosotros. Dios no se sorprende por sus incapacidades, sus imperfecciones o sus faltas. Él siempre ha sabido todo acerca de usted, cosas que usted apenas está descubriendo y lo escogió a propósito para sí mismo. Jesús lo presenta sin culpa y sin falta delante de Dios si usted pone su confianza en Él (vea 1 Corintios 1:7-8). ¡Él lo ama y lo valora más de lo que usted se imagina!

CAPÍTULO
2
Usted es valioso

Yo provengo de un trasfondo abusivo. Mi pasado me dejó sufriendo de inseguridades incluso después de que me hice cristiana porque no me estaba viendo a mí misma a través de los ojos de la Escritura. No me gustaba a mí misma y me rechazaba porque no me veía como Dios me veía. No sabía quién era yo en Cristo; no estaba arraigada y cimentada en su amor, y no sabía que podía encontrar mi aprobación en Él. Aunque la Escritura me decía que había sido recreada en Cristo (vea Efesios 2:10), hecha nueva y dada un comienzo fresco y un gran futuro, seguía viéndome a mí misma como un fracaso: alguien que no podía ser amada o aceptada.

Mi vida fue extremadamente difícil durante ese periodo. Estaba continuamente frustrada y no tenía paz o gozo reales, porque tenía una autoimagen pobre y sentía que nadie me quería. Esos sentimientos me llevaron a actuar como si no necesitara a nadie o como si no me preocupara lo que los demás pensaran o sintieran acerca de mí. Pero en lo profundo, realmente sí me importaba, y trataba sumamente duro de ser lo que los demás esperaban que fuera.

Pero a medida que estudiaba la Palabra de Dios, aprendí que soy valiosa en quien soy en Cristo, no en lo que hago o en la opinión de otras personas acerca de mí. Me di cuenta de que no tenía que permanecer insegura porque cuando Dios me veía, veía la justicia de su Hijo Jesús (vea 2 Corintios 5:21), no todo lo que estaba mal en mí o todo lo que había hecho mal. Esa verdad me liberó, y hará lo mismo por usted. Por primera vez en mi vida, aprendí lo importante que era para mí llenar mi mente con la Palabra de Dios, y me sentí segura.

Todo está en su mente

Liberarse de una adicción comienza en la mente, con establecerse en la verdad de la Palabra de Dios. Sea que la gente es adicta a algo físico, como las drogas, el alcohol o el juego, o algo emocional como la aprobación, nunca van a romper su poder de sobre sí hasta que comiencen a pensar en manera distinta. Cierta manera de pensar los metió en la adicción y los mantiene allí, así que hace sentido que nuevos patrones de pensamiento—como enfocarse en su justicia y no en su injusticia—los ayudará a liberarlos de ella. Lo aliento a formarse el hábito de ser "consciente de su justicia", más que de ser "consciente de su pecado". Enfóquese en

Jesús y su amor, perdón y misericordia hacia usted en lugar de en todo lo que ha hecho mal.

Podemos comenzar a cambiar nuestra manera de pensar, que es lo que la Escritura llama "la renovación de vuestro entendimiento", a través de estudiar la Palabra de Dios (vea Romanos 12:2). A medida que comenzamos a pensar de manera diferente, nos comportaremos de forma distinta, como me gusta decir: "Adónde vaya la mente el hombre seguirá", con lo que quiero decir que nuestros pensamientos guían nuestras acciones (vea Proverbios 23:7). Hace años, mi manera de pensar cambió cuando vi en la Palabra de Dios que Él estaba de hecho agradado conmigo y que me aceptaba aunque yo no me comportara perfectamente. Con toda intención comencé a esperar que le agradara a la gente. Y con toda seguridad, así fue. Incluso comencé a confesar en voz alta que Dios me daba favor y que le agradaba a la gente. Aprendí a decir lo que Dios dice de mí en lugar de lo que el enemigo quiere que crea, y eso es crucial para cualquiera que desee liberarse de cualquier tipo de cautiverio.

Dios trata de decirnos en su Palabra cuánto nos ama y nos acepta, y aunque ya conoce cada error que cometeremos alguna vez, Él todavía nos escoge para sí. Efesios 1:4 dice:

Según nos escogió en él antes de la fundación del mundo, para que fuésemos santos y sin mancha delante de él.

Leemos esta verdad, pero tenemos dificultades en recibirla. Dejamos que nuestros sentimientos acerca de nosotros mismos nos roben las bendiciones de la aceptación y la aprobación de Dios. Permitimos que la opinión de otras personas determinen nuestra valía y valor en lugar de depender de la Palabra de Dios. Si no solamente leemos las palabras de la Escritura, sino que también las creemos y las abrazamos, nos hacemos a nosotros mismos un inmenso favor.

Lo aliento a decir en voz alta varias veces al día: "Dios me ama incondicionalmente, y está agradado de mí". La mente rechaza tales declaraciones; después de todo ¿cómo Dios, que es perfecto, podría agradarse en nuestras imperfecciones? El punto es que Dios separa *quiénes somos* de *lo que hacemos*. Déjeme explicarle.

Mis hijos son Meyer. No siempre actúan bien, pero nunca dejarán de ser Meyer; nunca dejarán de ser mis hijos. Saber que sus corazones están bien realmente lo tomo en cuenta. Ellos cometen errores, pero siempre y cuando los admitan y sus corazones sean puros, siempre estoy dispuesta a trabajar con ellos.

Dios siente lo mismo acerca de usted. Como creyente en Jesucristo, usted es su hijo. Es probable que usted no siempre actúe en la manera en que Él quiere, pero jamás deja de ser su hijo ¡Yo nunca me rendiré con mis hijos, y Dios nunca se dará por vencido con nosotros!

Dios no está sorprendido

A menudo actuamos como si Dios estuviera sorprendido de descubrir que fallamos o que cometemos errores. La verdad es que: Dios tiene una gran goma de borrar, y la usa para mantener nuestros registros limpios y en orden. Él ya conoce los pensamientos que incluso todavía no han cruzado por nuestra mente, y las palabras que todavía no han salido de nuestros labios. Aun y con todo su conocimiento previo de nuestras debilidades y errores, nos escoge a propósito y nos trae a una relación con Él a través de Cristo.

Si nunca cometemos errores, entonces probablemente no estamos tomando muchas decisiones. Nuestros errores tienen valor; podemos aprender de ellos. Pero a menudo nos avergüenzan nuestros errores o nos apenan nuestros fracasos. Queremos vernos bien de modo que los demás piensen muy bien de nosotros.

Recuerdo una anécdota que he escuchado varias veces. Un orador reconocido comenzó su seminario sosteniendo un billete de $50 dólares. Le preguntó a la audiencia: "¿Quién quiere este billete de $50 dólares?". Las manos comenzaron a levantarse.

Dijo: "Voy a dárselo a uno de ustedes, pero primero déjenme hacer esto".

Procedió a arrugar el billete y luego preguntó: "¿Quién todavía lo quiere?".

Las manos se volvieron a levantar.

"Bueno—respondió—, ¿qué pasaría si hago esto?". Lo tiró al piso y comenzó a hollarlo con su zapato. Lo levantó, marcado, arrugado y sucio.

"¿Quién lo quiere todavía?", le preguntó a la multitud. Y las manos seguían levantadas.

"Mis amigos, ustedes han aprendido una valiosa lección. No importa lo que le hiciera al dinero, ustedes todavía lo querían porque no disminuía su valor. Seguía valiendo cincuenta dólares".

Muchas veces en nuestra vida, las circunstancias que enfrentamos o las decisiones que tomamos nos llevan a sentir que hemos sido derribados, aplastados u hollados en la tierra. Nos sentimos sin valor. Pero sin importar lo que haya sucedido o suceda, nunca perderemos nuestro valor a los ojos de Dios. Sucios o limpios, arrugados o finamente planchados, todavía somos invaluables para Él.

Nuestro deseo de aprobación puede ser verdaderamente suplido al recibir la aceptación y la aprobación de Dios hacia nosotros. No nos podemos ganar su amor, no podemos comprar su amor, no nos podemos comportar los suficientemente bien para garantizar el amor de Dios y no podemos desempeñarnos lo suficientemente perfecto para merecerlo. Todo lo que podemos hacer con el amor de Dios es recibirlo como un regalo, lo cual en realidad es: un regalo para nosotros mediante Jesucristo. ¡Él nos ha puesto en buenos términos con Dios!

CAPÍTULO
3
¡Usted tiene razón!

Una de las mayores curas para la adicción a la aprobación es el conocimiento de quienes somos en Cristo. Según 2 Corintios 5:21, hemos sido hechos la justicia de Dios en Cristo. La frase "en Cristo" es una frase que debemos comprender si es que vamos a ir por la vida con fuerza y victoria. Quienes somos en Cristo es totalmente distinto de quienes somos en nosotros mismos. En y por nosotros mismos no tenemos absolutamente nada de valor, pero "en Cristo" participamos de todo lo que Él se merece y obtuvo. La Biblia incluso dice que somos "coherederos" con Cristo (vea Romanos 8:17). En Él compartimos su herencia, su justicia y su santidad.

Necesitamos aprender a identificarnos con Cristo y vernos a nosotros mismos "en Él". Podríamos usar una analogía para comprender mejor lo que significa estar "en Cristo": Si colocáramos dos monedas en un tarro, selláramos el tarro y lo sumergiéramos en agua, las monedas estarían en el agua, todo el tiempo en el que el tarro lo esté. No obstante, de hecho, las monedas estarían mucho mejor porque estarían en el mismo lugar que el tarro pero no se mojarían.

En la analogía del tarro, Jesús es el tarro y nosotros somos las monedas. Todo el que cree en Jesucristo es considerado que está "en Él". Nosotros compartimos todo por lo que pasó Jesús. Aunque no hemos soportado una sola cosa que Él soportó, todo lo que Él ha obtenido se vuelve nuestro a través de nuestra fe en Él.

Una falta de entendimiento acerca de la justicia—o de estar bien con Dios—puede resultar en la adicción a la aprobación y otras ataduras que nos dejan sintiéndonos miserables. Pero una vez que comprendamos la manera en que Dios nos ve a través de Cristo, podemos ser libres de preocuparnos de lo que la gente piense de nosotros y de sentirnos mal por ser nosotros mismos. No tenemos que seguir siendo adictos a la aprobación de nadie, porque ya tenemos la completa e incondicional aceptación de Dios. Podemos dejar de vivir bajo condenación y podemos comenzar a aceptarnos a nosotros mismos. Podemos saber que Dios está complacido con nosotros, y que por estar en Cristo, somos justos.

Cómo lo ve Dios

Una de las Escrituras más poderosas sobre el tema de la justicia es 2 Corintios 5:21. Espero que se tome el tiempo de leerlo, y pensar en él y pedirle a Dios que lo ayude a vivir cada día en esta verdad:

Al que no conoció pecado, por nosotros lo hizo
pecado, para que nosotros fuésemos hechos justicia de Dios en él.

Observe que este versículo dice que Dios nos *considera*
justos [justicia de Dios]. Eso significa que decidió vernos
de cierta manera. Efesios 1:5 dice: "En amor habiéndonos
predestinado para ser adoptados hijos suyos por medio
de Jesucristo, *según el puro afecto de su voluntad*" (énfasis
mío). En otras palabras, Dios nos ama porque Él quiere,
no por nada que podamos hacer para obtener o merecer
su amor. Como Él es Dios, puede hacer lo que quiera y
no necesita el permiso de nadie para hacerlo. Ha esco-
gido amarnos.

Podemos preguntarnos por qué Dios nos ama, ya
que nos consideramos a nosotros mismos y no encontramos razón alguna para que lo haga. Dios no tiene
que ser razonable, ¡porque es Dios! El hecho de que
no podamos entender lo que Dios hace, no lo detiene
de hacerlo. Entendemos a Dios con nuestro corazón,
no con nuestra cabeza. No podemos saber intelectual-
mente por qué Dios nos ama, pero podemos saber en
nuestro corazón que así es. La gente suele necesitar una
razón para amar y aceptarnos, pero Dios no.

Ser justo no significa que somos tan perfectos que no
tenemos debilidades o defectos. Significa que creemos,
según 2 Corintios 5:21, que Jesús se hizo pecado a

través de su muerte en la cruz y que al hacerse pecado por nosotros, nos hizo justos. De hecho tomó nuestro pecado sobre sí mismo y pagó el castigo por él. Ser justo es un estado en el que Dios nos coloca, por su gracia, a través de nuestra fe en lo que Jesús hizo por nosotros.

Necesitamos una "conciencia de justicia", tener presente que Jesús nos hizo justos, no una "conciencia de pecado" que nos mantenga enfocados en nuestros pecados y fallas. Necesitamos recordar que Dios no está en nuestra contra; ¡Él está de nuestro lado!

CAPÍTULO
4
¡Usted tiene razón!

Como creyentes, no importa lo que hagamos, podemos tener la confianza de que Dios está de nuestro lado. El apóstol Pablo escribió en Romanos 8:31: "¿Qué, pues, diremos a esto? Si Dios es por nosotros, ¿quién contra nosotros?".

¡Dios está a nuestro favor! ¡Esas son buenas noticias! Pero el enemigo está en nuestra contra. La pregunta que debemos hacernos es: ¿vamos a estar de acuerdo con Dios o con el diablo? Usted sabe la respuesta. Usted quiere estar de acuerdo con Dios. Y Dios está de su lado, ¡así que deje de estar en contra suya solo porque el enemigo esté en su contra!

Triste de decir, algunas veces descubrimos que también hay personas en nuestra contra. Satanás algunas veces trabaja contra nosotros independientemente, pero con frecuencia también trabaja mediante las personas. Ataca nuestra confianza a través de cosas que la gente dice o no dice. Algunas veces inspira la opinión, juicios y actitudes de otras personas contra nosotros. Cuando eso sucede, debemos resistir y rehusarnos a estar en acuerdo con ellos. Como sabemos que el enemigo puede influenciar los pensamientos y las palabras de otras personas, realmente necesitamos aprender a pensar por nosotros mismos bajo la dirección del Espíritu Santo, y no buscar las opiniones y la aprobación de los demás.

La mayoría de nosotros, hasta cierto grado, necesitamos ser liberados del temor a las demás personas. Necesitamos ser liberados por completo de preocuparnos por lo que los demás piensen. Las personas que constantemente necesitan aprobación desesperadamente quieren que todos vean todo lo que hacen—la manera en que lucen, lo que dicen, cada acción que realizan—y que digan: "Perfecto". Necesitamos entregarle a Dios nuestra reputación y dejar que Él esté a cargo de ella a partir de ahora. Después de todo, ¡Él puede hacerlo todo y está a nuestro favor!

Limpio y fresco

Como mencioné, Dios puede hacer cualquier cosa, y algo que Él hace es lavar nuestros sentimientos de culpa o "maldad". En 1 Juan 1:9 se nos enseña que si reconocemos nuestros pecados y los confesamos, Dios nos perdonará y nos limpiará de toda maldad.

Comience por reconocer sus faltas libremente. Reconózcalas delante de Dios y de personas confiables. No presente excusas ni eche la culpa a otro lado. Cuando haga esto, usted experimentará una nueva libertad, y sus relaciones con Dios y con otras personas mejorarán grandemente. No sienta que debe esconder sus faltas de Dios. Él ya sabe todo acerca de ellas de todos modos, así que invítelo a cada área de su vida. De hecho, el Señor sabe más acerca de nosotros de lo que podemos recordar o que descubriremos, y Él nos ama de todos modos.

Déle a Dios no solamente lo que usted es, sino especialmente déle lo que usted no es. No retenga nada; ¡déle todo! Ofrecerle a Dios nuestros puntos fuertes es fácil, pero también deberíamos ofrecerle nuestras debilidades, porque su poder se perfecciona en nuestra debilidad. El Señor no solamente ve donde estamos ahora, Él ve en lo que nos podemos convertir si es paciente con nosotros. Él sabe los pensamientos que tiene acerca de nosotros, pensamientos de paz, y no de mal (vea Jeremías 29:11).

Una confesión completa y extensa de nuestros pecados nos da un sentimiento bueno, limpio y fresco. Podemos compararlo a un armario que ha estado cerrado por mucho tiempo y que está lleno de basura y tierra. Una vez que alguien lo limpia completamente—tira la basura, remueve la tierra y deja entrar el aire fresco—se vuelve un lugar agradable. Podemos disfrutarnos y sentirnos frescos y limpios una vez que hayamos confesado completamente nuestros pecados y recibido el perdón de Dios por ellos.

Dios le dará confianza

Comprender que estamos perdonados y lavados, y saber quiénes somos en Cristo nos libera de la necesidad de impresionar a otros. Mientras sepamos quienes somos, no tenemos que estar demasiado preocupados de lo que los demás podrían pensar de nosotros. Una vez que sabemos quiénes somos y que nos aceptamos a nosotros mismos, ya no tenemos nada que probar. Cuando no tenemos nada que probar podemos relajarnos y estar tranquilos en cada situación.

Saber quiénes somos en Cristo también nos ayudará a estar confiados, y como resultado los demás serán atraídos a nosotros; ya que la gente tiende a gravitar hacia los que están confiados y seguros. No podemos hacernos aceptables para todos, pero podemos creer que Dios nos dará favor con las personas con las que Él quiere que nos relacionemos. Algunas veces tratamos de tener relaciones con personas con las que Dios ni siquiera quiere que nos asociemos. Algunas de las personas con las que me esforcé mucho por ser su amiga en el pasado, a menudo comprometiendo mi conciencia para obtener su aceptación, fueron las mismas que me rechazaron la primera vez que no hice exactamente como ellas querían. Ahora me doy cuenta de que quería su amistad por las razones incorrectas. Era insegura y quería ser amiga de los "populares", pensando que mi relación con personas "importantes" me haría importante.

La gente busca cualidades en los demás que los hacen sentirse mejor, a salvo y seguros. Podemos tratar con la gente con temor o podemos tratar con ellos con confianza. Debemos estar confiados, pero no debemos colocar nuestra confianza en nada ni nadie más que Cristo mismo. Conocer nuestra posición en Él nos da confianza, y como resultado la gente deseará tener amistad con nosotros. A la gente confiada jamás le faltan amigos porque tienen lo que todos quieren. Tienen seguridad y confianza, tienen valía y valor y son seguros.

CAPÍTULO
5
Usted llegará a ser lo que crea

Cuando aceptamos por fe y recibimos personalmente la verdad de que somos justicia de Dios, comenzamos a conformarnos a lo que creemos que somos. Esto nos guarda de ser gobernados por lo que otras personas dicen o piensan de nosotros.

La *Amplified Bible* [Biblia Amplificada en inglés] en Romanos 10:3 describe la justicia como ser puesto en buenos términos con Dios y luego conformarnos consistentemente a su voluntad en palabra, pensamiento y obra. En otras palabras, cuando estamos en buenos términos con Dios, comenzamos a pensar bien, a hablar bien y a actuar bien. Este es un proceso en el que continuamente estamos avanzando. Las obras externas de la justicia—que finalmente se ven en los pensamientos, palabras y acciones correctas—no pueden comenzar sino hasta que *aceptamos* nuestra posición como justos delante de Dios a través de Jesucristo. El punto de inicio es el momento en que creemos que somos justicia de Dios en Cristo, según 2 Corintios 5:21. Lo aliento a decir en voz alta lo que Dios dice acerca de usted en su Palabra.

Diga diariamente: "Soy justicia de Dios en Cristo y, por lo tanto, puedo generar una conducta correcta".

Piense como justo

Pregúntese lo que usted cree de usted mismo. ¿Cree que usted debe tener la aprobación de los demás para ser feliz? Si es así, nunca será feliz cuando alguien lo desapruebe. ¿Cree que usted está totalmente mal? Si lo hace, seguirá generando la conducta equivocada. El fruto de su vida esta conectado directamente con sus creencias acerca de sí mismo. Usted se convertirá en aquello que usted crea que es.

Nuestra justicia no se encuentra en lo que la gente piensa de nosotros; se encuentra en Cristo. Él es nuestra justicia de Dios. Romanos 5:17 nos asegura:

> Pues si por la transgresión de uno solo reinó la muerte, mucho más reinarán en vida por uno solo, Jesucristo, los que reciben la abundancia de la gracia y del don de la justicia.

Debemos aprender a pensar y a creer en nuestra justicia.

Hable como justo

"Porque por tus palabras serás justificado, y por tus palabras serás condenado" (Mateo 12:37).

Una manera de aprender a hablar como justos es tener cuidado de lo que decimos acerca de nosotros mismos.

Conozco a una jovencita que llamaré Susan. Susan ama al Señor, pero proviene de un trasfondo abusivo. Es sumamente insegura y realmente una persona que busca agradar a los demás. Yo diría que ella definitivamente es adicta a la aprobación. Susan deja que la gente controle bastante de su tiempo. Dice lo que cree que la gente quiere oír en lugar de hablar honestamente, desde su corazón. Susan va a la iglesia; escucha muchas enseñanzas acerca de reglas, reglamentos y doctrina de la iglesia, pero no mucho sobre cómo vivir su vida con fuerza y poder. Esto significa que ella no entiende la importancia de las palabras, especialmente de sus propias palabras. Ella no se da cuenta de que sus palabras la están manteniendo débil y derrotada en la vida. Susan necesita aprender a pensar y a hablar conforme a la Palabra de Dios para que pueda disfrutar el buen plan de Dios para su vida.

Muchos de nosotros somos como Susan, no estamos al tanto de lo poderosas que son nuestras palabras. Necesitamos aprender a hablar positiva y victoriosamente. Necesitamos aprender a decir por fe de nosotros mismos lo que Dios dice de nosotros en su Palabra.

Actúe como justo

Si vamos a representar a Jesús apropiadamente, necesitamos vivir con fuerza y poder para vencer todo lo que viene en nuestra contra. Somos más que vencedores, según Romanos 8:37. Si somos derrotados y carecemos de victoria, nadie querrá lo que tenemos. Pero cuando somos victoriosos, otros lo ven y quieren lo mismo en su vida. Para decirlo llanamente, si queremos que otras personas acepten a Jesús, debemos mostrarles que tener una relación con Él marca una verdadera diferencia en nuestra vida. Cuando nos llamamos cristianos y vamos a la iglesia pero repetidamente nos comportamos mal, la gente piensa que somos hipócritas y falsos. ¡La manera en que actuemos es importante! Dios nos ha dado el poder de tomar decisiones correctas y demostrar un comportamiento justo.

En 1976, darme cuenta de que era una cristiana con muy poca victoria me llevó a buscar una relación más profunda con Dios. Como cristiana, sabía que era salva por gracia y que iría al cielo cuando muriera pero no estaba disfrutando el viaje. Me sentía miserable; tenía una actitud negativa y una vida negativa. Necesitaba un gran cambio. A medida que procuraba una relación más profunda con Dios a través de su Palabra, me di cuenta de que tenía una vida mucho mejor para mí de la que había soñado; mis acciones mejoraron y mi vida también. Sé que Dios tiene lo mismo para usted.

No se conforme con nada menos de lo mejor que Dios tiene para ofrecerle. Usted puede tener una relación profunda, íntima y personal con Dios a través de Jesucristo. Usted puede disfrutar de comunión diaria con Él y caminar en poder cada día a medida que le permita enseñarle cómo vivir, cómo pensar, cómo hablar y cómo actuar para su propio bien y felicidad, así como para glorificarlo.

Perdonado y libre

A medida que usted crezca y crezca más en su consciencia de su justicia en Cristo, usted comenzará a necesitar cada vez menos la aprobación de otras personas. Aunque usted ha sido hecho justo y está aprendiendo a pensar, hablar y actuar como justo, todavía pecará. Todos pecamos. Pero, gracias a Dios, todos podemos recibir perdón y seguir creciendo en la plenitud de lo que Dios desea que lleguemos a ser.

Una mañana estaba pasando tiempo con el Señor, pensando en mis problemas y en las áreas en las que había fracasado, cuando de pronto el Señor me hizo una pregunta: "Joyce, ¿estás teniendo comunión conmigo o con tus problemas?".

¡Definitivamente yo había estado teniendo comunión con mis problemas! Estaba más enfocada en ellos y en cómo me sentía mal por ellos que en Dios y el hecho de que Él quería perdonar mis pecados y ayudarme a resolver mis problemas.

Nuestra comunión y unión con Dios nos fortalece y nos ayuda a vencer nuestros problemas. Si pasamos nuestro tiempo con Dios teniendo comunión con nuestros errores previos, nunca recibimos la fuerza para vencerlos hoy. Enfocarnos en nuestras faltas y fracasos nos debilita, pero meditar en la gracia de Dios y su disposición a perdonar nos fortalece.

> Porque en cuanto murió, al pecado murió una vez por todas; mas en cuanto vive, para Dios vive. Así también vosotros consideraos muertos al pecado, pero vivos para Dios en Cristo Jesús, Señor nuestro.
> —Romanos 6:10-11

¿Qué tanta comunión está teniendo con sus pecados, fracasos, errores y debilidades? El tiempo que sea, es tiempo desperdiciado. Cuando peque, admítalo, pida perdón y luego continúe con su comunión con Dios. No permita que sus pecados se interpongan entre usted y el Señor. Incluso cuando peque, Dios todavía quiere pasar tiempo con usted, escuchar y responder sus oraciones y ayudarlo con todas sus necesidades. Quiere que usted corra *hacia* Él y no *de* Él.

Sea usted mismo

Espero que pueda ver que el hecho de que usted es cristiano no significa que hará todo bien todo el tiempo. Pero como usted ha sido puesto en buenos términos con Dios, puede dejar de compararse con otros y de competir con ellos. Su aceptación no se encuentra en ser alguien más, sino en ser quien es usted a través de la fe en Jesucristo. No encuentre a alguien que parezca tenerlo todo resuelto y luego trate de hacer su mejor esfuerzo por ser como él. ¡Sea el mejor "usted" que pueda llegar a ser!

Todos tenemos bagaje y problemas que tratamos de esconder en público. A pesar de lo maravillosas que otras personas le puedan parece a los demás *todos* cometemos errores. Usted no es peor que nadie más. Usted tiene puntos fuertes y debilidades; usted hace cosas bien y cosas mal. Usted peca, al igual que todos los demás. Y el pecado es pecado, a pesar de su naturaleza o magnitud. La Palabra de Dios nos enseña en Romanos 6 que somos libres del poder del pecado. No creo que eso signifique que jamás vamos a pecar, sino que somos libres de la culpa y la condenación del pecado. Es maravilloso darse cuenta de que cada error que cometamos ya fue pagado por Jesús cuando murió en la cruz. Su provisión está disponible, y lo único que necesitamos hacer es reconocer nuestro pecado, darle la espalda y recibir la sublime gracia de Dios.

Sin importar lo duro que nos esforcemos, ninguno de nosotros será completamente perfecto en esta vida, pero no ser perfectos en todo no significa que no tengamos valía o valor.

Usted es especial—único—y eso significa que solamente hay uno como usted, con todo y sus imperfecciones. Por favor, recuerde que no necesita ser como alguien más para ser aceptable. Los estándares del mundo no son los de Dios. El mundo quizá diga que usted necesita ser como esta persona o esta otra persona, pero la voluntad de Dios es que usted sea usted mismo.

Jesús es nuestro estándar, no cualquier otra persona. Si usted va a buscar ser como alguien más, que sea como Jesús mismo. Él es nuestra justicia, así que crea y abrace la justicia que Él le da. Usted llegará a ser lo que crea.

CAPÍTULO
6

Dios tiene la posición
correcta para usted

¿**A**lguna vez ha sido entrevistado para un trabajo que parecía ser el puesto perfecto para usted? O quizá tuvo la experiencia opuesta, usted creía que lo haría bien en cierto papel, pero alguien en autoridad dijo: "No creemos que sea la persona indicada. Este no es el puesto para usted". Ambas situaciones nos enseñan que podemos estar en posiciones adecuadas o en posiciones inadecuadas en la vida.

Como creyentes, la posición correcta para nosotros es en Cristo. Allí es donde encontramos amor incondicional, aceptación y aprobación. Pero hasta que entendamos y abracemos esa verdad, muchos de nosotros invertiremos tiempo valioso y energía buscando confirmación y aprobación en posiciones que el mundo ofrece: posiciones sociales, posiciones profesionales y otras posiciones que parecen impresionar a la gente a nuestro alrededor, pero que en realidad fracasan en darnos lo que necesitamos verdaderamente.

El poder de la posición

Creo que la inseguridad y la necesidad de aprobación son dos razones principales por las que la gente lucha por una posición y poder. Derivan su sentido de valía y valor de lo que hacen más que de quiénes son. Por eso es que algunas personas se vuelven adictas a la aprobación, siempre necesitando la aprobación de otros para ser felices y seguras. También es la razón por la que algunas personas son tan competitivas y piensan: *Tengo que ganar.* Para sentirse valiosos, deben ser los mejores, terminar primero u ostentar cierto tipo de posición que los haga sentirse poderosos.

Recuerdo *realmente* desear una posición específica en una iglesia a la que asistía hace años. Sabía que para tener la posición tenía que simpatizarle a cierto grupo de personas y que me aceptaran, porque ellos tenían el poder de votar para que yo recibiera la posición o para evitar que me la dieran. Les hice cumplidos a esas personas, les envié regalos y les extendí invitaciones a cenar. Hice y dije todas las cosas "correctas" hasta que finalmente obtuve lo que pensaba que quería.

Una vez que obtuve la posición, pronto descubrí que si no permitía que las personas que habían votado para que la obtuviera me controlaran, podrían ser bastante vengativas. Yo quería la posición porque en ese tiempo necesitaba sentirme valiosa e importante, sin embargo terminó haciéndome sentir miserable y manipulada.

Mi historia ilustra el punto de que lo que sea que obtengamos por las obras de nuestra propia carne, lo tenemos que mantener por los esfuerzos de la carne. En el puesto que tenía en la iglesia, tan pronto hice algunas cosas que no les gustaron a las personas "poderosas" todas me rechazaron. Toda nuestra relación era falsa; a ellos realmente no les simpatizaba ni se preocupaban por mí, y a mí realmente no me simpatizaban ellos ni me preocupaban.

Esa posición nunca me hubiera hecho sentir segura y aprobada permanentemente porque el verdadero problema estaba dentro de mí y no en mis circunstancias. No necesitaba una posición; necesitaba una revelación del amor incondicional de Dios. Necesitaba buscar la aprobación de Dios, no la aprobación de la gente. Yo necesitaba saber que era valiosa para Dios como una persona totalmente aparte de cualquier posición que pudiera tener.

Encuentre su lugar en Dios

Hasta que nos aceptemos y nos aprobemos a nosotros mismos, ninguna cantidad de aprobación de parte de los demás o posición en la vida nos van a mantener permanentemente seguros. La aprobación externa que buscamos se convierte en una adicción. Nos esforzamos por obtener la aprobación y se siente bien por un tiempo; pero entonces encontramos que necesitamos más y más.

La verdadera libertad nunca viene hasta que nos damos cuenta plenamente de que no necesitamos esforzarnos para obtener de los demás lo que Dios nos da libremente: amor, aceptación, aprobación, seguridad, valía y valor.

Lo aliento a que no permita que su valor esté adherido a su posición. Las posiciones pueden ir y venir en la vida, pero Dios y su amor por usted permanecen. Dios no está impresionado con las posiciones que las personas ostentan (vea Gálatas 2:6). Si sabemos quiénes somos en Cristo, entonces podemos tener una autoimagen saludable aparte de cualquier posición o puesto. Si esperamos a que Dios nos promueva a las posiciones que Él quiere que tengamos, entonces podemos verdaderamente disfrutarlas, porque cuando Dios nos pone en algún lugar también nos faculta para estar allí sin luchas o frustración.

Bastante tiempo después de mi experiencia en la que estuve deseando el puesto en la iglesia que finalmente obtuve y que no disfruté, obtuve una posición en una iglesia distinta en San Luis, Misuri, y la tuve durante muchos años. Cuando Dios me llevó a dejarla ir e iniciar mi propio ministerio, tuve dificultades en obedecer; entre más tiempo seguía sin obedecer, más miserable me sentía. Me gustaba mi posición. Tenía un puesto, un lugar de estacionamiento con mi nombre en él, un asiento garantizado en la primera fila de la iglesia y la admiración de todos. Siempre sabía lo que estaba sucediendo en la iglesia. De hecho no me di cuenta de lo dependiente que era yo de la posición para obtener sentimientos de seguridad hasta que Dios me pidió que la dejara.

Finalmente obedecí a Dios, pero los sentimientos que experimenté después de que dejé la posición me sacudieron hasta la médula. Seguía asistiendo a esa iglesia, pero me sentía fuera de lugar cada vez que iba a los servicios. Ya no tenía un asiento o lugar de estacionamiento, y no sabía nada de todas las cosas que estaban sucediendo. Ya no sabía adónde pertenecía. Dios tuvo que enseñarme que mi lugar está en Él, y que mientras yo sepa eso, no tengo que sentirme incómoda en ningún lugar con nadie.

Siempre mantenga a Dios primero

¿Alguna vez ha tenido una experiencia como la mía, cuando sintió como que todo lo que lo sostenía le fue quitado de debajo? Si así fue, considere que Dios quizá le hizo un gran favor. Algunas veces las personas o las posiciones nos levantan, y la única manera en que podemos darnos cuenta de lo mucho que dependemos de ellas es que nos sean removidas.

Un puntal es algo que mantiene otra cosa en su lugar, que hace que otro objeto esté seguro. Dios quiere que nuestra seguridad esté en Él, no en nada más. Él es lo único en la vida que no se tambalea, lo único cierto y seguro. Dios permite algunos "puntales" en nuestra vida mientras nos estamos estableciendo en Él, pero con el tiempo remueve todo de lo que dependemos en exceso.

Esto nos asusta al principio, pero termina siendo lo mejor que nos haya sucedido. Cuando no tenemos nada más o a nadie más, desarrollamos una profunda relación con Dios que nos llevará a través de cualquier cosa que la vida nos traiga.

Si usted siente haber perdido algo o a alguien sin lo cual no puede continuar, está equivocado. La única cosa o persona en la vida sin la cual no podemos seguir absolutamente es Dios. Él es nuestra Fuerza, nuestra Fortaleza en tiempos de angustia, nuestra Torre Fuerte, nuestro Escondedero y nuestro Refugio (vea Salmos 9:9; 31:4; 32:7; 37:39; 46:11).

Cuando perdí a las personas que creía eran mis amigas y nuevamente cuando perdí mi posición en la iglesia, fui tan herida emocionalmente que pensé que no sobreviviría. Recordando, ahora puedo decir que esos eventos de hecho me ayudaron a darme cuenta de que dependía demasiado de mi posición, de otras personas y de su opinión acerca de mí. Pensé que si tenía una alta posición entonces la gente pensaría bien de mí y que me aceptaría.

Cuando necesitamos posiciones o cualquier cosa que el mundo ofrece con el fin de sentirnos bien acerca de nosotros mismos, Dios a menudo retiene o remueve esas cosas. Una vez que ya no las *necesitamos* nos las puede devolver porque no nos van a controlar. Ahora tengo amigas, influencia, posición, autoridad, aceptación y muchas cosas que disfruto, pero la clave para mantenerlas es saber más allá de toda sombra de duda que no necesito tenerlas para ser feliz y plena.

Estoy convencida de que mientras mantengamos a Dios primero en nuestra vida, Él nos dará todo lo demás (vea Mateo 6:33). Lo aliento fuertemente a que tenga cuidado de no permitir que nada se vuelva más importante para usted de lo que debe ser. ¡Mantenga a Dios primero, y usted se dirigirá a un futuro grande y exitoso!

CAPÍTULO
7
Usted tiene un futuro prometedor

Tener éxito en algo suele hacer sentir bien a la gente o incluso excelente acerca de sí mismos. Fracasar en algo, o creer que han fracasado, puede hacer sentir mal a la gente acerca de sí mismos. Cuando estas personas fallan, a menudo se sienten indignas, poco inteligentes o poco sabias, devaluadas, rechazadas o sin esperanza.

Estos sentimientos pueden causar que las personas anhelen la aprobación. Si usted ha fallado en algo, como *todos* lo hemos hecho, espero que este capítulo lo anime grandemente. ¡Usted tiene buenas razones para estar lleno de esperanza!

Fracasar no lo convierte en un fracaso

Una razón excelente para la esperanza es esta: usted no es un fracaso solamente porque haya fracasado en ciertas cosas. Nadie es bueno en todo. No permita que los errores previos dañen o distorsionen la imagen que tiene de usted mismo. Algunas veces la única manera en que podemos descubrir lo que se supone que debemos estar haciendo en la vida es salir y probar algunas cosas. Si no salen bien, todavía podemos aprender de ellas.

Cuando estaba buscando la voluntad de Dios para mi vida en el ministerio, traté de trabajar en la cuna de la iglesia. No se requirieron más de dos semanas para saber que esa posición no era mi ministerio. ¡Yo lo sabía, y también los niños! También probé ministrar en las calles, y aunque lo hice, me sentía sumamente incómoda y de hecho no me gustaba para nada. Al principio me sentí culpable por no querer ir a decirle a la gente acerca de Jesús, pero más tarde me di cuenta de que Dios había planeado un tipo de ministerio diferente para mí, que Él me había dado un don y un deseo en esa área. En cierta ocasión trabajé como secretaria de mi pastor, y me despidieron el primer día. Solo porque haya fracasado en ese trabajo no significa que yo sea un fracaso; he seguido adelante para ser bastante exitosa.

Sin importar cómo haya fracasado en el pasado o los errores que haya cometido, usted, también, puede avanzar más allá de ellos y disfrutar una vida de bendición y éxito.

Deje su pasado en el pasado

Muchas personas permiten que el pasado—especialmente los errores o fracasos del pasado—dicte su futuro. ¡No lo haga! Deje el pasado en el pasado. Todos tenemos un pasado, pero también todos tenemos un futuro. Efesios 2:10 dice que somos recreados en Cristo Jesús para que podamos realizar las buenas obras que Él preparó y arreglo de antemano para nosotros. Somos nuevas criaturas cuando entramos en una relación con Cristo. Las cosas viejas pasaron. Tenemos la oportunidad de un nuevo comienzo. Nos volvemos barro nuevo espiritual con el que el Espíritu Santo puede trabajar. Dios arregla todo para que cada uno de nosotros tenga un inicio fresco, pero debemos estar dispuestos a dejar ir el pasado y seguir adelante. Hacemos camino para un nuevo y mejor futuro al creer lo que Dios dice acerca de él: "Porque yo sé los pensamientos que tengo acerca de vosotros, dice Jehová, pensamientos de paz, y no de mal, para daros el fin que esperáis" (Jeremías 29:11).

El enemigo desea que tengamos actitudes negativas y que nos sintamos desesperanzados, pero la Palabra de Dios dice que debemos ser "prisioneros de esperanza" (Zacarías 9:12). No deje de tener esperanza. No permita que sus fracasos pasados lo dejen sin esperanza acerca de su éxito futuro. Su futuro no tiene espacio para los fracasos del pasado. Como he declarado, usted quizá haya fracasado en algunas cosas, pero eso no lo convierte en un fracaso. Sin importar sus errores, Dios lo va a sanar y a restaurar si está dispuesto a seguir adelante, olvidando el pasado. ¡Tiene que dejarlo ir con el fin de seguir adelante!

Rehúsese a dejar de intentarlo

Una manera de vivir es rehusarse a dejar de intentarlo. Algunas de las personas a las que el mundo considera como las más exitosas experimentaron el fracaso en numerosas ocasiones. Abraham Lincoln perdió varias elecciones antes de ser electo presidente de los Estados Unidos. De hecho, fue candidato a puesto de elección popular tantas veces y fracasó con tanta frecuencia que es difícil entender como tuvo las agallas para hacerlo de nuevo. Sin embargo, lo hizo; y ganó.

Se dice que Thomas Edison dijo alguna vez: "Llegué al éxito a través del fracaso". Se rehusó a seguir intentándolo y finalmente invento la primera bombilla práctica, pero tuvo éxito solamente después de miles de experimentos fallidos. Una persona como Edison que no se da por vencida es un individuo de carácter fuerte.

Personalmente creo que el fracaso es parte de cada éxito real, porque al fracasar rumbo al éxito no mantiene humildes. Es una parte vital para que Dios pueda usarnos de manera eficaz.

Un hombre llamado Charles Darrow se estableció una meta cuando estaba en sus veintes: se determinó a ser millonario. Eso no es poco usual hoy en día, pero durante la década de 1920 era extremadamente poco usual y un millón de dólares era una suma enorme de dinero. Se casó con una mujer llamada Esther y le prometió que un día serían millonarios.

En 1929, llegó la tragedia: la Gran Depresión. Tanto Charles como Esther perdieron sus empleos. Hipotecaron su casa, vendieron su coche y usaron los ahorros de su vida. Charles estaba destrozado. Se sentaba en la casa deprimido hasta que un día le dijo a su esposa que podía dejarlo si quería. "Después de todo—dijo—, es claro que nunca vamos a lograr nuestra meta". Esther no tenía intenciones de irse. Le dijo a Charles que *iban a alcanzar su meta*, pero que necesitaban hacer algo todos los días para mantener su sueño vivo.

Cuando Esther Darrow le dijo a su marido: "Mantén tu sueño vivo", Charles respondió: "Está muerto. Fracasamos. Nada va a funcionar". Pero ella no escucharía ese tipo de palabras; se rehusó a creerlo. Ella le sugirió que cada noche se tomaran un poco de tiempo para discutir lo que harían para alcanzar su sueño. Comenzaron a hacer esto noche tras noche, y pronto a Charles se le ocurrió la idea de elaborar dinero para jugar. Su idea era bastante atractiva, ya que el dinero era sumamente escaso en esos días. Como ambos no tenían empleo, él y Esther tenían mucho tiempo libre, y ahora mucho dinero con el cual jugar. Así que jugaban a comprar cosas como casas, propiedades y edificios. Pronto convirtieron la fantasía en un juego completo con tablero, dados, tarjetas, pequeñas casas, hoteles…

Lo adivinó. Fue el inicio de un juego que

probablemente tenga en su armario en este momento. Se llama Monopoly.

¿Qué de usted?

Le pido a Dios que haya sido alentado a través de las verdades e historias de este capítulo, y que si alguna vez se ha sentido desalentado a causa del fracaso, ahora esté lleno de nueva esperanza y coraje. Así como Abraham Lincoln, Thomas Edison y Charles Darrow se rehusaron a darse por vencidos, usted, también, nunca debe dejar de intentarlo. Con frecuencia digo que el mayor testimonio de mi vida es que "sigo aquí". No me rendí ni renuncié, aunque ciertamente sentí ganas de hacerlo miles de veces.

Dios quiere que usted se abra paso a través de los errores del pasado; el enemigo quiere que usted se rinda. El progreso requiere que se pague un precio, y algunas veces el precio es simplemente "seguir siguiendo adelante" y decir: "No me voy a rendir hasta que tenga algún tipo de victoria". No sea el tipo de persona cuya manera de tratar con todo lo difícil es "¡renuncio!"

Dios tiene un gran plan para su vida, y quiere que usted lo cumpla. Si comete errores o enfrenta el fracaso a lo largo del camino, aprenda sus lecciones y luego levántese al día siguiente y vuelva a intentarlo. ¡Dios lo ama, Él desea que usted se ame a sí mismo, y tiene un futuro brillante preparado para usted!

CAPÍTULO
8
Gústese, ámese

Muchas personas no se simpatizan, pero no se dan cuenta hasta que les pregunto acerca de ello. Ni siquiera saben cómo se sienten acerca de sí mismos porque no se han tomado el tiempo de pensar en ello. No obstante, deberían hacerlo porque todos tenemos una relación con nosotros mismos. Tenemos que están con nosotros mismos todo el tiempo. Si no nos podemos llevar bien con nosotros mismos, la vida puede ser bastante miserable.

Así que déjeme preguntarle: ¿cómo se siente acerca de sí mismo? Si se ha dado cuenta de que no le gusta quien es usted, o que no le gustan ciertas cosas de sí mismo, Dios quiere ayudarlo a cambiar su autoimagen. Él quiere que usted se sienta excelente con quién es usted y que se valore tal como Él lo valora. No tenemos que sentirnos bien acerca de todo lo que hacemos con el fin de sentirnos bien acerca de nosotros mismos.

La Biblia nos enseña a amar a nuestros vecinos como nos amamos a nosotros mismos (vea Mateo 22:39). ¿Y si no nos amamos a nosotros mismos? Eso nos deja incapaces de amar a los demás, lo cual es un gran problema. Lo que nos separa como cristianos del resto del mundo es nuestro amor. Jesús dijo: "Un mandamiento nuevo os doy: Que os améis unos a otros; como yo os he amado, que también os améis unos a otros. En esto conocerán todos que sois mis discípulos, si tuviereis amor los unos con los otros" (Juan 13:34-35).

La gente que no puede amarse y aprobarse a sí misma vive en dolor emocional. Si no se pueden aprobar a sí mismos, pueden terminar con necesidades excesivas de aprobación de los demás. A causa de su necesidad excesiva y la presión que ejerce en sus relaciones, es probable que la gente los rechace. Dios no nos ha creado para el rechazo sino para la aceptación, y debemos recibir su aceptación a través de aceptarnos nosotros mismos.

La gente que se rechaza y que incluso se odia a sí misma está en camino de una vida infeliz y frustrante. Si no lo cree, solamente piense en un tiempo en el que tenía que pasar un día o más con alguien que no le agradaba absolutamente o que incluso usted despreciaba. Quizá era un tiempo miserable, uno que usted evitaría repetir. ¡No agradarse a sí mismo, básicamente fomenta esos mismos sentimientos! Como creación de Dios, usted no fue creado para odiarse, sino para amarse y disfrutar la buena vida que Dios le ha dado.

Simplemente disfrútese

Disfrutar la vida es imposible si no nos disfrutamos. Usted quizá se pregunte: "¿Joyce, cómo puedo disfrutarme? Hago demasiadas cosas tontas y cometo demasiados errores para disfrutarme". Posiblemente no le guste su aspecto o su personalidad o incluso una característica particular de su cuerpo.

Si ese es el caso, lo entiendo. Durante muchos años me desagradaba tanto mi voz que casi me volví paranoica acerca de ello. De hecho temía abrir la boca y dejar que alguien me escuchara hablar por primera vez, porque sentía que mi voz no era la voz que debería tener una mujer. Si usted me ha escuchado hablar alguna vez, sabe que mi voz es sumamente profunda para una mujer. Muy a menudo cuando llamo por teléfono, la gente que no me conoce piensa que soy un varón. Me llaman Sr. Meyer. Hubo una época en la que eso me hacía enojar, me avergonzaba y añadía a mis sentimientos de inseguridad.

Lo interesante es que mi voz es lo que Dios está usando más. Dios ha decidido usarme en un ministerio en los medios a través del cual mi voz es escuchada diariamente en casi todo el mundo. Dios puede tomar lo que pensamos que es un defecto y hacer grandes cosas con él. De hecho, se deleita en hacer justo eso. Él muestra su poder a través de lo que descartaríamos como si tuviera valor cero.

¿Qué no le gusta de sí mismo? Sea específico; haga

un inventario y tome la decisión hoy de desarrollar una actitud nueva y más positiva hacia sí mismo.

Jesús murió para que pudiéramos tener vida y disfrutarla (vea Juan 10:10). Vivir rechazándose u odiándose a diario es una manera horrible de vivir. Le proyectamos a los demás la manera en que nos sentimos acerca de nosotros mismos. Si queremos que otras personas tengan buenas opiniones de nosotros, debemos comenzar teniendo buenas opiniones de nosotros mismos y debemos descansar en el hecho de que Dios nos ama. Tener una buena opinión de usted mismo no significa que sea orgulloso; significa que ha aprendido a verse como Dios lo ve.

Una valoración saludable de sí mismo

Las personas pueden quedarse atrapadas en una baja autoestima o en una imagen pobre de sí mismas y tienen miedo de parecer orgullosas si tienen una buena opinión de sí mismas o si hablan positivamente de sí mismas. La Biblia no nos enseña que debamos tener una opinión exagerada de nuestra propia importancia (vea Romanos 12:3). Debemos estimarnos según la gracia de Dios, sabiendo que nuestros puntos fuertes provienen de Él y que no nos hacen mejores que los demás. Todos tenemos fortalezas y debilidades. Dios dice que les da dones a todos, y que Él decide quién recibirá cuáles (vea 1 Corintios 12:4-11).

Al saber que nuestros dones provienen de Dios, no

debemos menospreciar a alguien que no se destaque en las mismas cosas que nosotros. Definitivamente necesitamos evitar el orgullo y permanecer humildes, pero también necesitamos evitar irnos al otro extremo y pensar que rechazarnos, odiarnos y degradarnos a nosotros mismos es la respuesta.

En lugar de ello, busque ser lo que yo llamo una persona "todo-nada": todo en Cristo y nada sin Él. Jesús mismo dijo: "Separados de mí nada podéis hacer" (Juan 15:5). Sea seguro de usted mismo, pero recuerde que la fuerza que proviene de la confianza en sí mismo se puede perder rápidamente en arrogancia. Amarse en una manera equilibrada y saludable es de Dios y totalmente bíblico.

En y por nosotros mismos no podemos reclamar nada bueno. Solamente Dios es bueno, y cualquier cosa buena que provenga de nosotros es una mera manifestación de su obra a través de nosotros (vea Mateo 19:17).

Ponga su confianza personal en Cristo

Si usted tiene una actitud crítica hacia usted mismo que constantemente encuentra faltas, no solamente no es sano, sino que no es la voluntad de Dios. Pablo se rehusó a juzgarse a sí mismo, y no le prestaba atención a los que lo juzgaran: "Yo en muy poco tengo el ser juzgado por vosotros, o por tribunal humano; y ni aun yo me juzgo a mí mismo" (1 Corintios 4:3).

Pablo tenía su confianza en Cristo. Como sabía que era aceptable para Dios en Cristo, él se aceptaba a sí mismo. También sabía quién era en Cristo. Sabía de dónde provenía, y sabía adónde iba. Estoy segura de que Pablo recordaba su pasado y lo vehementemente que persiguió a los cristianos antes de convertirse a Cristo. Dijo de sí mismo que tenía que hacer un esfuerzo por dejar atrás el pasado y avanzar hacia la perfección. También aclaró que no pensaba haberlo alcanzado ya (vea Filipenses 3:12-14). En otras palabras, Pablo no dice ser perfecto, pero tampoco tenía una mala actitud hacia sí mismo; tenía una actitud honesta y saludable. Sabía que había cometido errores, pero no se rechazaba ni se despreciaba a causa de ellos.

Dios desea tanto vernos libres y capaces de disfrutar la vida que estuvo dispuesto a enviar a su único Hijo por esas cosas (vea Juan 3:16). Compró nuestra libertad con la sangre de su Hijo. Lo menos que podemos hacer es aprender a vernos como Él nos ve: preciosos y valiosos.

¿Está deprimido, desalentado o abatido? ¿Pasa tanto tiempo pensando en todas sus faltas que ha perdido la esperanza y el entusiasmo acerca de tener una buena vida? Si es así, por favor haga un cambio hoy. Escoja una nueva actitud hacia sí mismo. Pablo tuvo que tomar esa decisión, yo tuve que tomarla y usted también tiene que tomarla si es que quiere glorificar a Dios con su vida. El primer paso para tener una actitud positiva hacia usted mismo y aprender a amarse es abordar honestamente los problemas que han causado que no le agrade usted mismo y que anhele la aprobación de los demás excesivamente.

PARTE 2

Rompa la adicción a la aprobación

CAPÍTULO
9
Encienda la luz

Cuando la gente anhela la aprobación de los demás se esfuerza por esconder sus errores, faltas y defectos. Hacen esto mediante hacer parecer que tienen todo resuelto, digamos, para que sean aceptables para otros. La razón para tal comportamiento a menudo tiene sus raíces en el temor a ser rechazado o el temor de no obtener la aprobación de la gente que quieren impresionar. Cuando vemos la vida y a la gente de una manera realista, sabemos que *todos* cometen errores. A menudo, tratar de esconder o disfrazar nuestros defectos se vuelve un problema mucho mayor que lo que las faltas mismas podrían haber sido. A medida que nos vamos liberando de la adicción a la aprobación, debemos comprender la importancia de sacar todo acerca de nosotros mismos—defectos y todo—de su escondite —donde únicamente se infecta y empeora—a la superficie donde podemos tratar con ello de manera exitosa. He descubierto en mi ministerio hacia otros que algo que verdaderamente aprecian es la transparencia. La gente quiere poder relacionarse con nosotros mientras seamos reales o genuinos. Ser honestos con respecto a nuestros errores usualmente nos acerca más a las personas en lugar de separarnos de ellas como tememos que sucederá.

¡La luz es buena!

Cuando alguien enciende la luz en una habitación oscura podemos ver lo sucia que está. Dios es luz (vea 1 Juan 1:5) y cuando su luz comienza a brillar en nuestra vida, expone cosas (vea 1 Corintios 4:5). Cuando Él se involucra en nuestras vidas, comienza a mostrarnos cosas que preferiríamos no voltear a ver, cosas que hemos mantenido ocultas aún de nosotros mismos. Frecuentemente somos engañados, especialmente acerca de nosotros mismos. Preferimos no tratar con nuestras faltas, y no disfrutamos que queden expuestas. Cuando nuestras debilidades o errores están escondidos, podemos sentirnos condenados a causa de ellos, pero por lo menos sentimos que nadie más los puede ver. Cualquier cosa oculta tiene poder sobre nosotros porque tememos que puede ser descubierta. La mejor decisión y la más liberadora que podemos tomar es enfrentar lo que Dios quiere exponer e ir más allá del miedo de ello.

Durante muchos años escondí el hecho de haber sufrido abuso sexual por parte de mi padre. Lo veía como una debilidad, algo de lo cual avergonzarme. Sentía como si algo estuviera mal conmigo. Como yo temía que alguien pudiera enterarse de mi pasado, seguía teniendo poder sobre mí. Cuando el Espíritu Santo comenzó a dirigirme a compartir detalles de mi pasado de abuso, temblaba violentamente. Yo estaba terriblemente asustada de mi pasado. ¿Qué pensaría la gente? ¿Me rechazaría? ¿Me culparía o me odiaría? El enemigo me había mentido durante por lo menos veinticinco años acerca de la manera en que la gente me vería si supieran de mi pasado, así que me esforcé por mantenerlo en secreto.

Si alguien me preguntaba de mi niñez, evitaba mencionar cualquier cosa que pudiera suscitar sospecha. A menudo decía mentiras acerca de mi pasado y de mis padres. Pero cuando salió finalmente a la luz la verdad acerca de mi pasado, tomo lugar exactamente lo opuesto de lo que pensaba que sucedería. La gente respondió con compasión y no con juicio. A medida que comencé a enfrentar mis temores y a hablar de lo que me había sucedido, mi testimonio comenzó a ayudar a otras personas que también estaban encerradas en prisiones de temor. Entre más compartía mi pasado, menos poder tenía sobre mí. La luz de Dios expuso las mentiras de Satanás y la verdad me hizo libre.

Enfréntelo

Al igual que yo aprendí a hacerlo, lo aliento a que exponga todo acerca de su vida a la luz del amor de Dios. Sabemos que Dios escoge y usa personas con defectos. Rehusarnos a admitir que tenemos faltas nos puede descalificar de ser usados por Dios. Él quiere verdad, no engaño. Él quiere que seamos veraces con Él, con nosotros mismos y con los demás. El apóstol Pablo escribió: "Sino que siguiendo la verdad en amor, crezcamos en todo en aquel que es la cabeza, esto es, Cristo" (Efesios 4:15).

Cuando nos rehusamos a abrazar y amar la verdad, obstaculizamos nuestro propio crecimiento espiritual. Sea lo que nos rehusemos a tratar nos mantiene en cautiverio. Algunas cosas están enterradas tan profundamente que no pensamos en ellas conscientemente, pero consumen nuestra vida como una infección.

Me alejé de la casa de mi padre a los dieciocho años. Tenía planeado hacerlo durante muchos años. Supe por años que me iría cuando me graduara de la escuela de enseñanza media-superior y pudiera conseguir un trabajo para mantenerme. Era la única manera en que podría escapar del abuso que había soportado durante tanto tiempo. Me alejé del problema pensando que había terminado, sin darme cuenta de que todavía existía en mi alma.

Pasé años escondiéndolo, rehusándome a hablar de ello o siquiera pensar en ello, pero eso no evitó que tuviera los problemas relacionados con ello. La infección creció diario en algo que gradualmente estaba tomando mi vida. La única manera de detenerlo era exponerlo. Dios lo sabía, y Él trabajó con toda su gracia conmigo a través de su Espíritu Santo para hacerlo. Trajo a las

personas correctas, los libros y otros recursos a mi vida
para ayudarme a darme cuenta de que no estaba sola en
mi dolor. Miles de personas han experimentado el abuso
a manos de sus padres y otros parientes o conocidos.

La Biblia nos enseña a confesar nuestras faltas el uno
al otro para que podamos ser sanados y aprendamos a
amarnos (vea Santiago 5:16). El abuso de mi padre no
había sido mi culpa, pero lo veía como una falta mía.
Tenía que ser tratado y expuesto con el fin de que yo
fuera una persona emocional, mental, espiritual y físicamente saludable.

Todos necesitan a alguien con quien hablar, alguien
con quien sentir que pueden sincerarse, alguien que no
va a contar sus secretos. Si usted tiene problemas acep-
tándose, ore y pídale a Dios que traiga personas espiritualmente maduras a que sean sus amigas, personas
en las que pueda confiar, que lo van a escuchar y comprender, pero que también le van a hablar la verdad
de Dios. También recuerde que usted ya tiene el mejor
amigo que jamás tendrá y ese es Jesús. Usted puede hablar con Él de cualquier cosa en cualquier momento, y
Él siempre escuchará y comprenderá.

Viva ligero y libre

Cuando la gente comienza a ser honesta con Dios, com-
partiendo con personas dignas de confianza, estudiando
la Palabra de Dios y aprendiendo cómo vivir en la luz

y a no tener miedo, su vida cambia para mejor. Dios lo sabe todo, y lo ama a usted y a mí de todos modos, así que aunque jamás encontremos a nadie más con quien hablar, podemos ser totalmente abiertos con Él.

Dios ve más allá de las apariencias, así que simplemente sea honesto cuando hable con Él. Pídale que le revele cualquier cosa que usted quizá tema enfrentar, y luego abróchese el cinturón de seguridad.

Es probable que haya comprado la entrada al viaje de su vida. Quizá el paseo se ponga accidentado algunas veces y atemorizante en otras. Pero hay una cosa segura, es una viaje que finalmente lo llevará adónde quiere ir: a una vida que pueda disfrutar, una vida que lleve fruto para Dios.

Ya no le tema sus debilidades. No permita que lo hagan odiarse. Déselas todas a Dios, y Él lo sorprenderá usándolas. Déle todo lo que usted es y especialmente lo que no es. Cuando se rinda a Dios de esta manera, experimentará liberación de las cosas que lo agobian. Usted podrá vivir ligero y libre en lugar de agobiado por las cargas.

No permita que las debilidades y las imperfecciones lo avergüencen. Dése permiso de ser humano, porque eso es lo que usted es. Ámese a pesar de todo lo malo que ve en usted mismo. Todos tenemos que tratar con nuestras pequeñas cargas de fallas e imperfecciones. Las suyas quizá no sean las mismas que las de los demás, pero créame: no son peores. Va a tenerlas de todos modos, así que usted muy bien podría darse permiso de ser imperfecto. Acéptelo: usted no es perfecto y jamás lo será. Así que si alguna vez se va a aprobar a sí mismo, tendrá que hacerlo en su estado imperfecto. Dios está buscando su corazón. Si usted pone su fe en Él y tiene un corazón que quiere hacer lo correcto, eso es todo lo que necesita. Usted es amado y aceptado, y ya no tiene que vivir con la agonía de la adicción a la aprobación. Como el apóstol Pablo, deberíamos proseguir a la marca de la perfección, siempre dejando atrás los errores pasados y jamás creer que Dios nos rechaza debido a nuestras imperfecciones.

CAPÍTULO
10
No tiene que vivir con adicción a la aprobación

Cuando pensamos en las adicciones probablemente de inmediato nos vienen a la mente las drogas o el alcohol. Pero las personas pueden volverse adictas a casi cualquier cosa. Una adicción es algo que la persona siente que no puede vivir sin ello, o algo que se siente compelido a hacer con el fin de aliviar presión, dolor o malestar de algún tipo. Los drogadictos, por ejemplo, hacen lo que sea necesario para obtener otra dosis siempre que empiezan a sentirse incómodos. Los alcohólicos se sienten compelidos a beber especialmente cuando son confrontados con los problemas de la vida. Las sustancias a las que las personas están adictas los ayudar a aliviar el dolor momentáneamente, pero también perpetúan los destructivos ciclos de control en su vida.

No podemos agradar a todos todo el tiempo

Nos volvemos adictos a la aprobación cuando basamos nuestra valía propia en la manera en que la gente nos

trata o lo que piensan de nosotros. La verdad es que
no necesitamos que ciertas personas nos aprueben con
el fin de sentirnos bien acerca de nosotros mismos.
Cuando pensamos que necesitamos su aprobación,
hemos desarrollado una creencia falsa. Podemos in-
vertir mucho tiempo y esfuerzo en tratar de agradar a
la gente y obtener su aprobación. Pero si se requiere
solamente una mirada de desaprobación o una palabra
poco apreciativa para arruinar nuestro sentido de valía
propia, estamos en cautiverio. No importa cuánto nos
esforcemos por agradar a la gente y obtener su aceptación, alguien en algún lugar siempre nos desaprobará.

Cualquiera que desee lograr mucho en la vida debe
aceptar el hecho de que habrá tiempos en los que todos
a nuestro alrededor no nos aprobarán. Yo trato con, y
ministro a, una amplia variedad de personas; no hay
forma humanamente posible en la que pueda agradarlos a todos todo el tiempo. En Joyce Meyer Ministries tenemos varios cientos de empleados, y casi nunca
tomamos una decisión que le agrade a todos ellos. He
tenido que aprender a aceptar que algunas personas no
me aprobarán a mí o a las cosas que hago, y a descansar
en el hecho de que Dios me aprueba.

La versión de la Biblia NKJV en inglés dice que Jesús
"no se hizo de reputación" (vea Filipenses 2:7, NKJV) Esta
es una declaración importante. Mucha gente no pensaba bien de Él, pero su Padre celestial lo aprobaba a él

y a lo que estaba haciendo y eso era lo que realmente le importaba.

Mientras usted y yo tengamos la aprobación de Dios, tenemos lo que más necesitamos. El apóstol Pablo dijo que si hubiera estado tratando de ser popular con la gente, no hubiera sido siervo del Señor Jesucristo (vea Gálatas 1:10). Necesitar la aprobación de las personas de una manera desequilibrada puede robar nuestro destino. No podemos siempre agradar a la gente si queremos agradar a Dios, pero Él nos dará favor con la gente con la que Él verdaderamente desea que tengamos una relación.

Favor divino

Cuando buscamos agradar a Dios y escogemos vivir por fe, Él nos dará favor con la gente si se lo pedimos y confiamos en que lo hará. La Escritura nos dice: "Cuando los caminos del hombre son agradables a Jehová, aun a sus enemigos hace estar en paz con él" (Proverbios 16:7).

Cuando comencé a predicar quería simpatizarle a la gente y que me aceptara, por supuesto. Todavía es así. Al principio de mi ministerio todavía no sabía mucho acerca de confiar en Dios para obtener su favor sobrenatural, así que sentía mucha presión para hacer todas las cosas "correctas" esperando simpatizarle a la gente y que me aprobara.

El problema con ese tipo de mentalidad es que

todos esperan algo distinto, y sin importar cuán duro nos esforcemos, no podemos agradar a todas las personas todo el tiempo. Algunas personas sentían que mis conferencias eran demasiado largas, mientras que otras querían que pasara más tiempo enseñando. Algunos pensaban que la música estaba demasiado fuerte, otros querían que estuviera más fuerte. A la mayoría de la gente le encantaba mi estilo de predicar, pero ocasionalmente a alguien le parecía que mi estilo directo era ofensivo ¡y me enviaba una carta tratando de corregirme! La desaprobación de cualquier tipo me enfermaba, literalmente. Me preocupaba por ello y batallaba con los sentimientos de rechazo hasta que aprendí a confiar en Dios en lugar de tratar de obtener aceptación.

En mis primeros años, antes de permitirle a Dios trabajar en mí, aparentaba mucho. Lo que fuera que la gente quisiera que yo fuera, trataba de serlo. Llevé muchas máscaras, tratando de obtener la aceptación de todos. Este tipo de conducta puede convertirse en un verdadero problema si no lo enfrentamos y lo cambiamos. Dios nunca nos va a ayudar a que seamos nadie excepto nosotros mismos.

Había tratado de agradar a tantas personas en tantas maneras que clamé a Dios en frustración un día: "No sé quién soy o cómo se supone que debo actuar". A veces me sentía como una máquina expendedora. Todos a mi alrededor me oprimían un botón diferente, esperando un resultado distinto. Mi marido quería una buena esposa sumisa que lo adorara. Mis hijos querían una madre atenta. Mis padres y mi tía, que son ancianos y que dependen de mí, querían mi atención. El llamado de Dios en mi vida también exigía mucho de mí. La gente a la que le ministraba quería que estuviera disponible para ellos siempre que sintieran que me necesitaban. Le dije que sí a todo hasta que finalmente me cansé del estrés y me di cuenta de que estaba dirigiéndome hacia problemas de salud graves si no aprendía a decir que no. Quería que todos me amaran y me aceptaran, yo quería su aprobación desesperadamente, pero seguía tratando de obtenerla en maneras equivocadas.

El Señor me dijo que me daría favor con la gente si oraba y confiaba en Él. Dios puede hacer que la gente que normalmente nos despreciaría, nos acepte y le agrademos. La Biblia dice que Él cambia los corazones de los hombres en la manera en que cambia los repartimientos de las aguas (vea Proverbios 21:1). Si Dios puede hacer fluir un río en una dirección específica, con toda seguridad puede cambiar el corazón de alguien hacia nosotros. Nos agotamos tratando de hacer lo que solamente Dios puede hacer.

Dios puede abrir y abrirá las puertas correctas para usted y le dará favor con las personas adecuadas en el momento oportuno. Por ejemplo, Dios puede conseguirle un empleo mucho mejor que cualquier cosa que usted hubiera podido conseguir por sí mismo. De hecho, Dios me consiguió un empleo para el que no estaba calificada y luego me facultó para hacerlo. Trabajé en una empresa como gerente general y manejé cosas para las que la mayoría de la gente necesitaría un título universitario y muchos años de experiencia. En el momento no tenía ninguno de ellos, pero Dios estaba de mi lado. Podemos tener favor con Dios, y Él nos dará favor con la gente.

Me gusta decir: "Dios comienza donde nosotros terminamos". Deje de luchar, tratando de hacer que las cosas sucedan conforme a sus deseos, y pídale a Dios que tome el asiento del conductor en su vida. Mientras tratemos de hacer que las cosas sucedan por las obras de nuestra propia carne Dios dará un paso atrás y esperará a que nos agotemos. Finalmente haremos justo eso, y con suerte, cuando lo hagamos, clamaremos al Señor.

Ore por favor. Confiese que usted tiene favor con Dios y que Él le da favor con la gente. Santiago 4:2 dice: "Pero no tenéis lo que deseáis, porque no pedís". Comience a pedir favor regularmente, y se sorprenderá por la aceptación y las bendiciones que vendrán en su dirección. Tendrá tantos amigos que tendrá que orar acerca de qué invitaciones tomar o declinar.

Desarrolle su fe en el área del favor. Viva esperándolo todo el tiempo. Recuerde: usted no puede agradar a toda la gente todo el tiempo, pero Dios puede darle favor. Confíe en que Él escoja sus amigos, abra las puertas correctas y cierre las equivocadas. Pídale al Señor conexiones divinas, amistades que serán perfectas para usted. Dios puede conectarlo con las personas que van a añadir a su vida más que tomar de ella. Cuando Él traiga las relaciones correctas a su vida dése cuenta de que necesitará manejarlas con sabiduría, y eso podría incluir establecer y hacer cumplir buenos límites.

CAPÍTULO
11
Establezca buenos límites

Las personas que son adictas a la aprobación se agotan con frecuencia, porque continuamente corren el riesgo de intentar hacer demasiado. Desean tan desesperadamente agradarles a los demás que hacen todo lo que sienten que se espera de ellos, y todavía más. A veces dicen que sí porque no pueden decir que no, no desean desilusionar a la gente, o debido a que simplemente pueden estar demasiado comprometidos con ser agradables. Se agotan debido a la falta de discernimiento o debido a la culpabilidad injustificada. A la vez, su ira incrementa.

El agotamiento nos enfada porque en lo profundo de nuestro interior reconocemos que sentirse drenado y exhausto no es normal. Nos enfadamos con la gente que nos presiona, cuando en realidad nosotros nos permitimos ser presionados. Para evitar la presión de los demás y de nosotros mismos debemos tomar el control de nuestra vida bajo la dirección del Espíritu Santo, y debemos aprender a establecer límites sanos.

Una vez, cuando me estaba quejando de mi pesado horario, escuché que el Espíritu Santo me dijo: "Joyce, tú eres quien arma tu horario. Si no te agrada, entonces haz algo al respecto".

Con frecuencia nos quejamos y vivimos calladamente enfadados, mientras que a la vez continuamos haciendo las mismas cosas que nos enfadan. Es verdad que la gente no debe presionarnos, pero es igualmente cierto que no debemos permitirnos rendirnos ante la presión que los demás colocan sobre nosotros. No podemos culpar a los demás ni al enemigo por las cosas que finalmente son nuestra propia responsabilidad.

La vida cristiana normal debe tener lugar dentro de los límites de una vida equilibrada. Incluso Jesús descansaba. Él se alejaba de las exigencias de la multitud y se tomaba el tiempo para renovarse, y nosotros necesitamos hacer lo mismo.

Límites en las relaciones

El aspecto de las relaciones es uno en el que la mayoría de la gente necesita ser equilibrada y mantener límites sanos. Debemos aprender a decir no y a no temer la pérdida de amistades o de otras relaciones. Yo he decidido que si pierdo una relación debido a que le dije no a alguien, entonces en realidad no tengo una relación genuina con esa persona en absoluto.

Dios desea que tengamos relaciones agradables y sanas. Una relación no es sana si una persona tiene el control, mientras la otra lucha por aprobación. Tampoco es sano ganarse una relación al estar presto para hacer lo que la otra persona desee, sin importar lo que sea o cómo nos sintamos al respecto personalmente. Si tenemos que pecar contra nuestras propias consciencias para obtener la aprobación de alguien, no estamos siguiendo la voluntad de Dios.

Podemos ganar o comprar amigos al permitirles controlarnos, pero tendremos que conservarlos en la manera que los conseguimos. Luego de permitirles controlarnos para mantener su amistad un rato, finalmente nos cansaremos de no tener libertad. Estar solo en realidad es mejor que ser manipulado y controlado.

Cuando comience una nueva relación, tenga cuidado de cómo comenzó. Lo que usted permite al comienzo se esperará a lo largo de su asociación con esa persona. El comportamiento que usted tolera al principio de una relación debe ser el comportamiento con el que pueda sentirse contento permanentemente. Permita que la gente sepa a través de sus acciones que aunque le gustaría su aprobación, usted puede vivir sin ella. Respete a los demás y hágales saber que usted también espera respeto de ellos.

A veces la confrontación es necesaria

Obtener el respeto de los demás y mantener relaciones sanas con ellos en ocasiones requiere de confrontación. Eso significa que usted debe decir no cuando la otra parte desee escuchar un sí. Quiere decir que posiblemente usted tenga que elegir hacer algo que usted sabe que la otra parte no aprobará, si sabe que es la elección correcta para usted.

Si usted no se ha acostumbrado a confrontar a la gente y ahora se encuentra manipulado y controlado, hacer un cambio puede no ser fácil. Una vez que desarrolle un patrón de agradar a la gente, usted necesitará dar un paso genuino de fe para romper ese ciclo. Déle libertad a la gente, pero también defienda su derecho de ser libre.

Si la gente no está acostumbrada a ser confrontada, posiblemente reaccione agresivamente hasta que se habitúe al cambio de su comportamiento. Probablemente necesite explicarles que les ha permitido salirse con la suya en el pasado, pero que se había equivocado. Explíqueles que antes se sentía inseguro y que necesitaba de su aprobación, pero que ahora usted tiene que hacer un cambio para su propio bien. Será difícil para usted y para ellos, pero para poder tener una relación sana, usted tiene que hacerlo. Si la relación es buena, entonces sobrevivirá a la transición. De hecho, pasar por cosas difíciles y no rendirse, normalmente hace que una relación mejore más que antes.

Pase tiempo en oración acerca de cualquier confrontación antes de involucrarse en ella. Pídale a Dios que le dé la valentía y que ayude a la otra persona a estar dispuesta a comprender y a recibir lo que usted necesita decir. Nunca confronte a nadie sin estar preparado a recibir igualmente corrección de parte de ellos con respecto a lo que usted esté haciendo. Aunque pueda resultarles difícil a ambos, recuerde que aquello que es imposible para el hombre es posible con Dios (vea Marcos 10:27).

Tome ahora la decisión de que, con la ayuda de Dios, romperá el ciclo de la adicción a la aprobación. Al principio puede ser que se sienta incómodo al pensar que alguien se siente insatisfecho con usted, pero recuerde: la única otra opción es pasar su vida sintiéndose infeliz. Romper cualquier adicción produce sufrimiento durante una temporada, pero lleva a la victoria toda una vida. Podemos sufrir en un círculo de adicción sin fin, o podemos sufrir de camino al avance. Sus sentimientos pueden persuadirlo de regresar a sus antiguas maneras de relacionarse con la gente, pero no les permita ganar. ¡Continúe avanzando!

CAPÍTULO
12
No permita que sus sentimientos lo detengan

El abuso, el rechazo, el abandono, la traición, la desilusión, el juicio, la crítica y otras situaciones similares pueden causar dolor a nuestra vida. La culpabilidad y la vergüenza pueden hacer que nos alejemos de los demás y suframos el dolor de la soledad. La ira y la falta de perdón pueden enconarse en nuestro interior como heridas infectadas.

El dolor emocional a menudo es más devastador que el dolor físico. Un analgésico u otro medicamento pueden aliviar el dolor físico, pero no es fácil lidiar con el dolor emocional. Podemos estar enfermos físicamente y todo mundo se lamenta por nosotros; pero si tenemos problemas emocionales, los demás pueden vernos en forma sospechosa. Pero la verdad es que nuestras emociones son parte de nuestro ser, y pueden desgastarse o enfermarse como cualquier otra parte de la anatomía.

Si usted tiene una herida emocional en su vida, Jesús desea sanarlo. No cometa el error de pensar que Él solamente está interesado en su vida espiritual. ¡Jesús puede sanarlo de cualquier herida! El origen de la adicción a la aprobación generalmente es una herida emocional. Jesús vino a sanar nuestras heridas y a vendar y sanar nuestro corazón quebrantado, para darnos gloria en lugar de cenizas y óleo de gozo para reemplazar nuestro luto (vea Isaías 61:1-3).

Decida elegir lo correcto

Aunque estemos lastimados, la manera de dirigirnos hacia la sanidad es comenzar a tomar las decisiones correctas, lo cual puede ser difícil y doloroso. Ya que ese es el caso, algunas personas nunca se liberan de su dolor o sus adicciones. En el camino hacia la sanidad, a menudo tenemos que hacer lo correcto durante un largo tiempo antes de comenzar a obtener los resultados correctos. Debemos hacer lo correcto y continuar haciendo lo correcto, dejando atrás cómo nos sintamos al respecto. Por ejemplo, resulta emocional y mentalmente doloroso tratar bien a alguien cuando esa persona nos ha lastimado en el pasado. Parece totalmente injusto e incluso imprudente. Después de todo, ¿por qué deberíamos ser buenos con alguien que nos ha lastimado? Bueno, si no podemos encontrar otra razón, podemos decidir hacerlo solo porque Jesús nos ordenó que lo hiciéramos (vea Mateo 5:38-44).

Si alguien me ha lastimado y me siento amargada

al respecto, esa persona continúa lastimándome. La amargura es un dolor en sí misma; es una actitud negativa que roba el gozo y la paz. Sin embargo, si estoy dispuesta a dejar atrás el dolor y a tomar la decisión de perdonar, seré libre.

Si mi esposo, Dave, hiere mis sentimientos o me decepciona de alguna forma, resulta doloroso. Mientras me niegue a perdonarlo, el dolor permanece. Tan pronto como decida hacer lo que enseña la Biblia, lo cual es perdonarlo y tratarlo como si nada hubiera sucedido, yo soy libre (vea Mateo 6:14-15). Para encontrar la libertad del dolor tengo que dejarlo atrás; yo tengo que decidir hacer lo correcto *mientras* continúo herida.

Hacer lo correcto mientras estamos heridos puede significar decidir perdonar a alguien luego de que nos ha lastimado terriblemente, decidir creer la Palabra de Dios cuando nuestras circunstancias sean extremadamente difíciles, decir la verdad cuando no es fácil ser sincero, ser amable con alguien que nos ha rechazado en el pasado u orar por alguien que nos ha utilizado o traicionado.

Una variedad de situaciones nos proporciona oportunidades de tomar decisiones correctas cuando es doloroso. Podemos sufrir emocionalmente, pero necesitamos avanzar de todos modos con las decisiones correctas y disciplinarnos a apegarnos a ellas.

Se necesita disciplina

La Biblia dice que ninguna disciplina en el presente parece ser causa de gozo; no obstante, más tarde rendirá "fruto apacible de justicia a los que en ella han sido ejercitados" (vea Hebreos 12:11). La justicia, o hacer lo que es correcto, es un fruto que produce paz en nuestra vida. Nada se siente mejor que simplemente saber que lo que hicimos fue lo correcto.

Cuando somos confrontados por el dolor tenemos tres opciones: (1) dejar atrás el pasado ahora, (2) dejar atrás el dolor más tarde o (3) mantener el dolor para siempre.

La Biblia dice que la disciplina a veces es dolorosa. La palabra *disciplina* significa que tenemos que hacer algo que en realidad no deseamos hacer. Si sentimos hacer algo, ¡no necesitamos disciplina!

Yo no tengo que disciplinarme a comprar ropa nueva, porque me gusta ir de compras. Sin embargo, conozco a una mujer que odia ir de compras, y espera hasta que todo está pasado de moda y completamente desgastado antes de que compre algo nuevo. Ella se tiene que disciplinar a comprar, porque sus sentimientos hacen que no desee hacerlo. Mis sentimientos me respaldan bastante con respecto a las compras; por lo tanto, no necesito disciplina alguna para llegar a mis tiendas favoritas. ¡A veces debo disciplinarme a no comprar!

Debemos ir más allá de nuestra falta de deseo de hacer las cosas que no disfrutamos. De la misma manera, también debemos ir más allá del dolor emocional del abuso, el rechazo, la desaprobación, la traición, el juicio, la culpa, la vergüenza, la ira, la falta de perdón y la crítica, con el fin de ser hechos libres.

No permita que su pasado arruine su futuro. Dios nos muestra en su Palabra cómo podemos liberarnos, pero todavía tenemos que tomar decisiones que no siempre serán fáciles o que ni siquiera parecerán ser justas. Hacerlo puede resultar difícil, pero una vez que realice lo que necesita hacer, usted encontrará bendición y recompensa.

No está solo

Todos resultamos lastimados a veces, y podemos decidir dejar que la herida nos amargue o dejar que nos haga mejores. ¿Cómo es que las injusticias nos pueden hacer mejores? En primer lugar, estas nos ayudan a desarrollar carácter. Hacer lo correcto cuando nuestros sentimientos no respaldan tales acciones construye un carácter fuerte en nosotros.

No solamente todos resultamos heridos, sino que nos lastiman una y otra vez. Eso puede no sonar muy alentador, pero es verdad. Nuestros esfuerzos por evitar ser lastimados a menudo evitan que desarrollemos relaciones verdaderas con la gente. No debemos desperdiciar todo nuestro tiempo intentando protegernos. Debemos estar dispuestos a entregarnos y poner nuestra vida por los demás (vea Juan 15:13).

La Biblia nos recuerda en 1 Pedro 5:9 que debemos estar firmes en la fe contra los ataques del diablo, sabiendo que nuestros hermanos y hermanas van cumpliendo sufrimientos idénticos en todo el mundo. Podemos pensar que otras personas no tienen que pasar por cosas difíciles, pero todos pasamos por situaciones diferentes. Algunas personas han sufrido situaciones devastadoras de las que nadie sabe nada. Acuden a Dios con sus problemas en lugar de contarles a los demás al respecto. Algunas personas han aprendido el arte de sufrir en silencio. Ellos saben que solamente Dios puede ayudarlos, de manera que no se molestan en decirle a ninguno de sus conocidos por lo que están pasando.

Compartir nuestros problemas con un amigo o un consejero no tiene nada de malo, pero no podemos asumir que los demás no tienen desafíos en la vida solo porque no lucen deprimidos ni hablan de sus problemas.

Mi esposo rara vez habla acerca de aquello por lo que está pasando. A veces he padecido algún virus y le he contado mis síntomas a Dave, y en ocasiones me ha respondido: "Hace dos semanas padecí lo mismo. Me sentí muy mal durante siete días".

Cuando le pregunté por qué no me dijo que estaba enfermo, me respondió: "¿Por qué tengo que decirte lo mal que me siento? No puedes hacer nada por mí".

Algunas personas hablan mucho y otras no. No cometa el error de pensar que la gente no siente dolor solo porque no le cuenta al respecto. Yo creo que es importante que no pensemos que somos los únicos heridos (vea 1 Pedro 5:9). Recordar esta verdad evita que nos sintamos solos y aislados en nuestro dolor. Cuando estamos heridos, nos ayuda recordar que no estamos solos, y con la ayuda de Dios podremos superar nuestras dificultades y recibir la recompensa de Dios.

Isaías 61:7-8 dice:

En lugar de vuestra doble confusión y de vuestra deshonra, os alabarán en sus heredades; por lo cual en sus tierras poseerán doble honra, y tendrán perpetuo gozo. Porque yo Jehová soy amante del derecho.

La promesa de recompensa nos ayuda a ir más allá del dolor de disciplinarnos a ser obedientes.

CAPÍTULO
13
Deje atrás el dolor de la desaprobación

Un dolor específico que la gente debe pasar al liberarse de la adicción a la aprobación es el dolor de la desaprobación. Quienes son adictos a la aprobación sienten dolor emocional y mental cuando experimentan desaprobación. Los adictos a la aprobación intentan evitar o aliviar el dolor de la desaprobación al hacer todo lo que la gente desea que hagan.

Una joven, a quien llamaré Jenny, es adicta a la aprobación. Su madre siempre ha sido difícil de complacer y es muy controladora; Jenny ha sentido el dolor del rechazo muchas veces en la vida. Como cualquier hijo, ella tiene el deseo completamente normal de querer la aprobación de su madre.

Jenny ha caído en la trampa de ser complaciente con su madre. Su madre espera que ella deje lo que está haciendo para satisfacer todos sus caprichos. Se enfada si Jenny ya ha hecho planes y no logra hacer espacio para ella. La madre de Jenny es irracional, pero la adicción de aprobación de Jenny alimenta la adicción de control de su madre.

Para poder disfrutar su vida y a su madre, Jenny deberá decidir hacer lo correcto para sí misma, aunque su madre lo desapruebe. Ella también debe estar dispuesta a soportar el dolor del rechazo.

La decisión de no sucumbir ante los deseos de su madre será difícil emocionalmente para Jenny, porque ella siempre ha permitido que su madre se salga con la suya. La nueva dinámica de la relación tampoco será fácil para la madre de Jenny, porque ella es adicta a obtener lo que desea. Ella necesita tener el control para sentirse bien consigo misma.

¿Percibe la trampa que Satanás le pone a la gente? Jenny necesita aprobación y su madre necesita tener el control. El problema de su madre controla a Jenny, y el problema de Jenny, en turno alimenta el de su madre. Cada vez que Jenny le diga no a su madre y se apegue a su decisión, la incomodidad que siente disminuirá.

El mismo principio se aplica a cualquier aspecto de la vida que necesite de disciplina. Deseamos todo aquello a lo que estamos acostumbrados. Si no lo obtenemos, nos sentimos incómodos hasta que nos acostumbramos a vivir sin ello. Podemos matar de hambre una adicción simplemente dejando de alimentarla. No tenemos que pelear con una adicción; podemos simplemente sacar fuerzas de Dios y negarnos a alimentarla.

Jenny tendrá que soportar un poco de dificultades durante un periodo. A veces, la dificultad parecerá ser más de lo que pueda soportar, pero si ella se niega a volver a permitir que su madre la controle, finalmente será libre, y ambas podrán comenzar a desarrollar una nueva relación sana. Si ambas están dispuestas, Jenny y su madre podrán comenzar de nuevo.

La única adicción que merece la pena

Mencioné que Jenny puede pasar por momentos difíciles cuando siente que su dolor y su incomodidad son más de lo que puede soportar. ¿Qué debe hacer en esas ocasiones? Ella necesita correr rápidamente hacia el Señor— hacia su Palabra y sus promesas—. Si ella estudia las porciones de la Escritura que la fortalecen y la animan, estas podrán permitirle mantener su compromiso de liberarse y hacer lo correcto.

La Palabra de Dios tiene poder en sí misma. Cuando soltamos nuestra fe en su palabra, ese poder es soltado a nuestra vida y a nuestras circunstancias para ayudarnos. Deseo animarle a reemplazar una adicción por otra. De hecho, deseo que reemplace todas las adicciones por otra adicción: ¡Quiero que se vuelva adicto a Jesús y a la Palabra de Dios! Esto es lo que necesita más que cualquier otra cosa.

La determinación y la disciplina son importantes para romper el ciclo de adicciones, pero recibir fuerza sobrenatural de Dios es la clave para el verdadero éxito. Aprenda a correr hacia Él en lugar de correr hacia la sustancia o al comportamiento erróneo al que usted es adicto. Todas las adicciones dañinas pueden ser rotas en su vida. Usted puede tener una vida equilibrada, llena de gozo y de paz si aprende a confiar en Dios en todo y por todo. Su gracia (el favor divino y el poder habilitador) es suficiente para satisfacer todas nuestras necesidades.

Afirme su mente y manténgala firme

Dios desea ser todo para nosotros, y la Biblia dice que debemos poner nuestra mente y mantenerla fija en las cosas de arriba, no en las cosas terrenales (vea Colosenses 3:2). Al haber sido adicta a la aprobación, yo sé cuán difícil es no pensar acerca de una situación cuando sentimos que alguien no está satisfecho con nosotros. Los pensamientos de la ira o el rechazo de esa persona parecen llenar cada momento.

En lugar de intentar no tener pensamientos equivocados, elija los buenos pensamientos. Llene su mente de pensamientos positivos. Medite en la Palabra de Dios y en su voluntad para usted. Entonces, los malos pensamientos no podrán acceder a su mente.

Debemos estar armados con los pensamientos correctos o nos rendiremos durante los tiempos difíciles. Dése cuenta de que pasar de ser víctima a ser vencedor no será un proceso rápido. Liberarse de la adicción a la aprobación tomará tiempo, pero la inversión valdrá la pena. Recuerde que puede ya sea pasar por el dolor temporal de la liberación o bien mantener el dolor de la esclavitud que nunca terminará hasta que lo confronte.

Confronte el rechazo

Cuando rompa con la adicción a la aprobación, posiblemente enfrente temor al rechazo, al abandono, a la soledad y a lo que la gente pensará o dirá de usted. El temor no proviene de Dios: "Porque no nos ha dado Dios espíritu de cobardía, sino de poder, de amor y de dominio propio" (2 Timoteo 1:7).

La idea del temor expresa huir o escapar de algo. Dios no desea que huyamos de las cosas. Él desea que confrontemos las cosas, sabiendo que Él nos ha prometido que estará con nosotros, y que nunca nos dejará (vea Hebreos 13:5).

Hay ocasiones en que debemos hacer las cosas aunque sintamos temor. En otras palabras, debemos hacer lo que sabemos que debemos hacer aunque sintamos temor. Cuando Dios dice en su Palabra: "No temas", Él quiere decir que continuemos avanzando, dando pasos de obediencia para llevar a cabo sus instrucciones. Él en esencia está diciendo: "No será fácil, pero no huyas".

Los adictos a la aprobación esencialmente sienten temor al dolor del rechazo. Pasarán su vida manteniendo felices a los demás y siendo "adictos", mientras renuncian a su propio gozo, a menos que decidan romper el ciclo de la adicción. Ellos tendrán que "hacerlo con temor".

Tendrán que seguir la dirección del Espíritu Santo y de su propio corazón, en lugar de seguir los deseos y las opiniones de los demás.

¡La única manera de salir es abriéndose paso!

Deje atrás el temor a la soledad

Como parte de romper la adicción a la aprobación, podemos no solamente temer que la gente nos rechace; también podemos temer estar solos. Debemos dejar atrás el dolor de sentirnos solos e incomprendidos. Tenemos que confiar en Dios para tener las relaciones correctas y no tomar decisiones emocionales que solamente terminarán empeorando nuestros problemas. El temor a estar solo puede volvernos personas complacientes, y podemos terminar sin una vida propia, sintiéndonos utilizados y amargados.

Algunas personas se aíslan por temor al rechazo. Piensan que no pueden resultar heridos si no se involucran con los demás, pero el resultado es que son solitarios. Otras personas temen confiar. Temen ser sinceros y vulnerables, temen que la gente los juzgue y los critique, o que cuente sus secretos si comparten algo privado o personal. Todos estos temores solamente añaden a los sentimientos de soledad que muchas personas experimentan.

Deje atrás su dolor de camino a la victoria. ¡Decídase! Deje de solo desear que las cosas sean diferentes y haga su parte para hacer que sean distintas. Existen dos tipos de personas en el mundo: aquellos que esperan que algo suceda y aquellos que hacen que algo suceda. No podemos hacer nada separados de Dios, pero podemos decidir cooperar con Él. Podemos enfrentar la verdad. Podemos dejar de alimentar nuestras adicciones y soportar el dolor de dejarlas morir por malnutrición.

¡Es tiempo de un cambio! Emociónese de su futuro y dése cuenta de que cuando esté atravesando por algo, la buena noticia es que está *atravesando*, y eso significa que finalmente llegará al otro lado con una victoria que no le podrán quitar.

PARTE 3

Termine con la adicción a
complacer a la gente

CAPÍTULO
14

¿A quién desea complacer?

Nosotros debemos agradar a Dios, no complacer a la gente ni a nosotros mismos. La mayoría de los adictos a la aprobación también buscan complacer a la gente. En el correr de la vida, normalmente descubrimos que si no complacemos a la gente, ellos no nos aprobarán a nosotros. Si nosotros también tenemos una necesidad desequilibrada de aprobación, no tenemos opción más que de convertirnos en personas complacientes.

El apóstol Pablo dijo que no buscaba popularidad entre los hombres: "Pues, ¿busco ahora el favor de los hombres, o el de Dios? ¿O trato de agradar a los hombres? Pues si todavía agradara a los hombres, no sería siervo de Cristo" (Gálatas 1:10). No obstante, él también afirmó que intentaba agradar a la gente y acoger sus opiniones y deseos para que pudieran ser salvos:

> Como también yo en todas las cosas agrado a todos, no procurando mi propio beneficio, sino el de muchos, para que sean salvos.
>
> —1 Corintios 10:33

Cuando consideramos ambos versículos, estos casi parecen ser contradictorios; pero si comprendemos la razón detrás de ellos, veremos que no discrepan en lo absoluto.

Pablo deseaba agradar a la gente. Él deseaba mantener relaciones sanas con los demás, especialmente con el propósito de lidiar con ellos para que aceptaran a Jesús como su Salvador. Él también deseaba agradar a Dios y llevar a cabo el llamado de Dios para su vida. Pablo sabía cómo mantener el equilibrio en este aspecto. Él intentaba agradar a la gente, mientras agradarlos no le causara desagradar al Señor. Está escrito en Hechos 5:29: "Es necesario obedecer a Dios antes que a los hombres".

Agradar a la gente es bueno, pero convertirse en una persona complaciente no lo es. Yo defino a las *personas complacientes* como aquellas que intentan complacer a la gente aunque tengan que comprometer su consciencia para hacerlo. Las personas complacientes necesitan aprobación tan desesperadamente que permitirán que otros los controlen, los manipulen y los utilicen. Permiten que sus emociones dicten su comportamiento, en lugar de permitirle al Espíritu Santo dirigirlos. Las personas complacientes son gente que se basa en el temor, y sus intenciones están casi completamente arraigadas en el temor. Ellos temen el rechazo, el juicio, lo que la gente piense o diga, y especialmente la ira o la desaprobación.

El "por qué" detrás del "lo que"

Nuestras razones para hacer lo que hacemos—nuestros motivos—son muy importantes. Dios desea que tengamos un corazón puro. Él desea que hagamos lo que hacemos porque creemos que Él está dirigiéndonos o porque es lo correcto. Dios desea que el amor sea nuestro motivo en todo. Debemos hacer lo que hagamos por amor a Dios y a los demás. Ser motivados por el temor en lugar del amor o de la fe no agrada a Dios.

Debemos preguntarnos con regularidad por qué hacemos lo que hacemos. Nuestras acciones y nuestro comportamiento no impresionan a Dios; Él mira el *por qué* detrás de *lo que* hacemos. Dios nos ordena en su Palabra que no hagamos buenas acciones para ser vistos. No debemos hacer las cosas para ser reconocidos y honrados.

Cada buena obra que *parece* ser buena no es necesariamente buena; una obra es buena solamente si se hace en la voluntad de Dios, con un motivo puro. Dos personas pueden hacer la misma buena obra, no obstante Dios puede no considerarla buena para ambos. Una persona puede estar en la voluntad de Dios y la otra fuera de su voluntad, dependiendo de los motivos que cada uno tenga para sus acciones.

Yo me esfuerzo por hacer lo que hago con los motivos correctos. Si me invitan a una función y en realidad no siento que Dios me esté dirigiendo a asistir, o si sé que no puede ajustarse a mi horario sin que este se vuelva estresante, ¡no asistiré! Cuando la gente desea escuchar sí y usted les dice no, a ellos no les gusta. Pero los verdaderos amigos le darán la libertad de tomar sus propias decisiones y luego respetar las decisiones que tome. Ellos no lo presionarán ni intentarán hacerle sentirse culpable de no complacerlos. Sus verdaderos amigos no lo utilizan para su propio beneficio ni se enfadan cuando usted no hace lo que ellos desean que haga.

No debemos culpar a los demás si tenemos miedo de ellos o de las maneras en que nos responden. Temerle a la gente más que a Dios le ofende a Él. No debemos temerle a Dios de forma equivocada, pero debemos sentir un temor respetuoso de Él, sabiendo que Él habla en serio. Ya que Dios nos ha dicho en su Palabra que no debemos ser personas complacientes, debemos tomar en serio esa directiva y no permitir actitudes desequilibrantes y complacientes en nuestra vida.

Su opinión de sí mismo es más importante que la opinión que otra gente tenga de usted. No puede sentirse bien consigo mismo si sabe que sus acciones no tienen la aprobación de Dios. No es bueno si dice que sí y luego se falta al respeto porque no puede decir que no. Viva para agradar a Dios y aprenda a respetarse a sí mismo.

Sea sincero

Algo que definitivamente le agrada a Dios y le ayudará a usted a respetarse es ser sincero. Sea sincero consigo mismo y con los demás. Esto significa decir sí cuando necesite decir sí, y decir no cuando necesite decir no. La Biblia dice que debemos ser veraces en todo; debemos decir la verdad, amar la verdad y caminar en la verdad.

Efesios 4:15 dice que vivamos: "Siguiendo la verdad en amor". Pero los adictos a la aprobación dicen mentiras porque temen que la gente no acepte la verdad. Ellos dicen que sí con la boca, mientras que su corazón está gritando que no. Posiblemente no deseen hacer algo, pero actúan como si lo desearan, porque temen desagradar a alguien. Si alguna vez dicen que no, a menudo dan una excusa de la razón por la que no pueden hacer lo que se les pide. Pueden sentir que no es lo correcto, o pueden no sentir paz al respecto.

Si fuéramos suficientemente audaces para decir la verdad, podríamos ahorrarnos mucho tiempo y problemas. No deseamos ser irrespetuosos, pero tampoco deseamos ser mentirosos. La mayoría de las personas complacientes no son sinceras acerca de sus deseos, sentimientos y pensamientos. Le dicen a la gente lo que desea escuchar, no lo que necesita escuchar. Una relación sana demanda sinceridad. Algunas personas posiblemente no deseen escuchar la verdad, pero eso no nos desliga de la responsabilidad de decir la verdad.

Sea obediente a Dios y sea honesto consigo mismo y con los demás, sin importar lo que la gente diga o piense. Viva para agradarlo a Él, no a quienes lo rodean.

Si la gente que lo rodea se complace con sus palabras y sus acciones, eso es bueno; pero que su objetivo sea agradar a Dios por sobre todas las cosas.

CAPÍTULO
15
¿Qué necesita?

Las personas complacientes y los adictos a la aprobación dejan a un lado rápida y regularmente sus propias necesidades legítimas. Negar tales necesidades finalmente se transforma en una situación explosiva. Intentar constantemente complacer a los demás resulta abrumador, por lo que muchas personas complacientes se sienten ansiosas, preocupadas, infelices y cansadas la mayoría del tiempo. Ellos resienten el hecho de que las demás personas no hagan mucho por ellos, pero en lugar de satisfacer sus propias necesidades en maneras sanas y apropiadas, a menudo niegan el hecho de tener tales necesidades.

Las personas complacientes pueden pensar que pedir ayuda hará que los demás se sientan obligados con ellos. Aunque hacen la mayor parte de cosas por una sensación de obligación, no desean que los demás se sientan obligados con ellos. Quienes desean complacer a la gente tienen una autoimagen tan miserable que creen que la gente no deseará hacer nada por ellos de cualquier manera. No se valoran a sí mismos, de manera que piensan que nadie más los valora tampoco.

Muchas personas complacientes fueron criadas en hogares en que sus necesidades y sus sentimientos no eran valorados, respetados ni considerados importantes. De pequeños, se esperaba que respondieran a las necesidades de otras personas o que se ocuparan de ellas. Es por eso que muchas de estas personas se enfocan primordialmente en los demás y se olvidan de sí mismos. A veces no saben lo que pueden sentir o pensar, o incluso lo que desean para sí mismos. Son tan buenos para negar sus necesidades que ni siquiera se preguntan si tienen alguna necesidad.

Alguien a quien llamaré Patty, fue criada en un hogar disfuncional. El padre de Patty era alcohólico y verbalmente abusivo. Como consecuencia, ella aprendió a ignorar por completo sus necesidades y a pasar tiempo cuidando a los demás. Ella desarrolló un complejo de mártir. Hacía cosas para la gente pero sentía resentimiento al hacerlo. Patty sentía que se aprovechaban de ella, pero no podía aceptar nada para sí misma aunque se lo ofrecieran, porque no sentía que valiera algo.

Patty vivió bajo una gran presión, gran parte de la cual ella se autoimpuso, por la manera en que fue criada. La combinación de su dolor físico y emocional era más de lo que podía soportar, y se deprimió bastante.

Patty comenzó a acudir con un consejero, quien le preguntó lo que deseaba de la vida. Ella no pudo decírselo porque nunca había pensado acerca de lo que *ella*

deseaba. Patty tuvo que aprender que tener necesidades
y deseos no estaba mal. Había estado tan acostumbrada a
no obtener lo que deseaba que simplemente no se moles-
taba en desear nada en absoluto. Ella temía desear algo,
porque sentía no tener derecho a ello. Se sentía despre-
ciable y desvalorizada.

Mirar a Patty comenzar a reconocer y aceptar sus necesidades legítimas y esperar que la gente las satisficiera
fue muy refrescante para quienes la rodeaban. Ella comenzó a tener esperanzas y sueños para la vida, lo cual
le dio algo que esperar. Ahora ella está de camino a liberarse de la adicción a la complacencia.

Todos tenemos necesidades, especialmente necesidades tales como el amor, el ánimo y el compañerismo:
alguien con quien conectarse y en quien confiar. Además
necesitamos aceptación, aprobación y disfrute.

Necesitamos solaz

Cuando era pequeña, yo no disfrutaba. En realidad
nunca me permitieron actuar como niña. Puedo recordar meterme en problemas y ser corregida por jugar.
Nuestra casa no era disfrutable; estaba llena de temor.

Como cristiana adulta, me di cuenta de que me sentía
culpable si intentaba disfrutar. Me sentía segura si estaba
trabajando, pero el disfrute [solaz y esparcimiento] era
algo que me negaba. No sentía que fuera legítimo para
mí. Me disgustaba con otra gente que no trabajaba tanto

ni tan duro como yo. Mi esposo en realidad disfrutaba su vida, y eso me enfadaba porque sentía que él podría llevar a cabo mucho más en la vida si fuera más serio.

Ahora me doy cuenta de que no estaba enfadada porque Dave disfrutara su vida; estaba enfadada porque yo no disfrutaba la mía. Pero yo era la única que podía hacer algo al respecto. Disgustarme con Dave y con los demás era tonto, porque el disfrute que ellos encontraron en la vida también estaba disponible para que yo lo tomara.

El Espíritu Santo trabajó en mí durante largo tiempo antes de que finalmente comprendiera que Dios deseaba que yo disfrutara mi vida.

Jesús en realidad me dijo: "Yo vine para que tuvieras vida y la disfrutaras" (vea Juan 10:10). Necesitamos disfrute. Sin él, la vida es desequilibrada y le abrimos al diablo para que nos devore (vea 1 Pedro 5:8).

Asegúrese de no estar negando sus necesidades legítimas. Ayudar a otros es parte de nuestro llamado como cristianos, ¡pero hacer cosas para nosotros mismos no está mal! Asegúrese de darse tiempo para sí. Decídase a disfrutar su vida y tómese el tiempo para hacerlo. Solamente se vive una vez, ¡así que asegúrese de disfrutar el viaje!

Necesitamos límites

La única manera de asegurar nuestra habilidad de disfrutar la vida es tener límites. Tal como una persona coloca una barda alrededor de su propiedad para mantener fuera a los intrusos, usted debe establecer sus límites y márgenes personales—la líneas invisibles que esbozamos en nuestra vida para protegernos de ser utilizados y abusados—. Si tiene una barda de privacidad alrededor de su jardín y una tarde soleada se asomara y viera que sus vecinos están tomando el sol en su jardín mientras los niños juegan sin permiso, ¿qué haría usted? Usted no diría simplemente: "Ay, Dios, desearía que esos vecinos me dejaran solo". Probablemente sería muy contundente al hacerles saber que su jardín es una zona prohibida para que ellos realicen tales actividades sin su permiso.

Usted necesita ser así de contundente al hacerle saber a la gente que usted espera que respeten los límites y los márgenes que ha establecido alrededor de su vida personal. Si desea que lleguen amigos a su casa sin llamar con anticipación y obtener su aprobación, simplemente no les permita hacerlo y luego se disguste al respecto. Ejecute lineamientos aunque termine perdiendo a sus amigos, porque los verdaderos amigos respetan los límites que usted establece.

Como lo he mencionado, permitir que otros se aprovechen de usted es su culpa, no la de ellos. Esté consciente de lo que usted necesita y no permita que los demás lo convenzan de que no tiene amigos o que no vale la pena satisfacer sus necesidades. Comience ahora a disfrutar su vida y establezca límites que lo mantendrán sano y feliz en los años futuros.

CAPÍTULO
16
Tome autoridad sobre su vida

Las personas complacientes no viven dentro de límites o márgenes. En su esfuerzo por complacer a la gente se esmeran más allá de los límites razonables. Enfrentémoslo: la gente a menudo espera que hagamos cosas que no debemos ni podemos hacer.

Ser una persona complaciente es doloroso. Algunas personas complacientes, rara vez se enfocan apropiadamente en sí mismos. Cuando se toman un momento para sí mismos, se sienten egoístas, indulgentes y culpables; es por ello que a menudo están de prisa, apresurándose a realizar las cosas, esforzándose por mantener felices a todos. Debido a que se atarean demasiado por los demás, a menudo trabajan más duro que los demás. Ya que llevan a cabo mucho más que los demás, y es muy fácil convivir con ellos, con frecuencia son los primeros a quienes se les pide llevar a cabo ciertas cosas. Como resultado, son vulnerables a que se aprovechen de ellos, porque normalmente no consideran que decir que no es una opción. Simplemente asumen que deben hacer lo que cualquier persona les pida, sin importar cuán irrazonable sea. Cuando se arriesgan a negar una petición, a menudo cambian el no a un sí, si la gente actúa con enfado o desagrado.

Estas personas doblarán los límites de la razón si piensan que hacerlo significa que todos estarán felices con ellos. Necesitamos comprender este hecho básico de la naturaleza humana: la mayoría de personas se aprovecharán de nosotros si se lo permitimos. No podemos depender de que los demás nos traten justa y sinceramente. Con frecuencia nos amargamos o nos disgustamos con aquellos que se aprovechan de nosotros, sin darnos cuenta de que nosotros somos tan culpables como ellos, si no es que más.

Una vez tuve un empleador que se aprovechó de mí. Él me pedía trabajar tantas horas que yo no podía pasar un tiempo apropiado con mi familia. Yo estaba agotada y nunca tenía tiempo para mí misma. Él nunca mostró aprecio, y no importa lo que yo hiciera, él siempre esperaba más. Si yo apenas mostraba que posiblemente no podría satisfacer una de sus peticiones, su ira comenzaba a surgir. Cuando eso sucedía, yo me desmoronaba y aceptaba hacer lo que él me pedía.

Cuando pasaron los años, yo resentí cada vez más su control. Un día, al estar orando acerca de la situación y quejándome con Dios acerca de lo injusta que era la situación, Él dijo: "Lo que tu jefe está haciendo está mal, pero no confrontarlo está igualmente mal". A mí me costó escucharlo. Como la mayoría, yo deseaba culpar a alguien más por mi falta de valentía. De no haber sido una persona complaciente y de no haberle temido a mi jefe, yo me habría salvado de cinco años de estar tan presionada que finalmente me enfermé. Mi jefe no era el problema; *yo* era el problema. Como lo dije anteriormente, muchas personas se aprovecharán de nosotros si lo permitimos. Yo le permití a él aprovecharse de mí.

Dios le ha dado autoridad primero que nada sobre su propia vida. Si usted no acepta ni ejercita esa autoridad, posiblemente pesará su vida culpando a otros por aquello que usted debería hacer algo al respecto. Tome sus propias decisiones de acuerdo con lo que crea que sea la voluntad de Dios para usted; no permita que los demás tomen decisiones por usted. En el día del juicio, Dios no le pedirá a nadie más que rinda cuentas de su vida; Él se lo pedirá a usted (vea Romanos 14:12).

Aprenda a pedir ayuda y a delegar

Aunque la gente complaciente a menudo tiene dificultades para hacerlo, establecer límites y márgenes apropiados es sumamente sabio. Hacerlo es un signo de fuerza, no de debilidad. Pedir ayuda también es algo bueno. Dios ha colocado a ciertas personas en nuestra vida para que nos ayuden. Si no recibimos su ayuda, nos frustramos y nos sobrecargamos, y ellos se sienten insatisfechos porque no están utilizando sus dones.

Recuerde que Dios no lo ha llamado a hacer todo por todos, en todas las situaciones. Usted no puede ser todo para todos, todo el tiempo. Usted tiene necesidades legítimas. Necesitar ayuda, y pedirla no tiene nada de malo. Sin embargo, necesitar ayuda y ser demasiado orgulloso para pedirla está mal.

En Éxodo 18:12-27, vemos que Moisés tenía muchas responsabilidades. Las personas lo buscaban para todo, y él intentaba satisfacer sus necesidades. Su suegro vio la situación y le dijo a Moisés: "¿Qué es esto que haces tú con el pueblo? ¿Por qué te sientas tú solo, y todo el pueblo está delante de ti desde la mañana hasta la tarde?" (v. 14).

Moisés le dijo a su suegro que toda la gente se acercaba a él con sus preguntas. Ellos deseaban que se sentara como juez entre ellos. La gente deseaba que Moisés satisficiera sus necesidades, y él deseaba complacerlos.

El suegro de Moisés le dijo que no era bueno desperdiciar tanto tiempo y energía estando involucrado en las circunstancias de la gente. Le sugirió a Moisés que delegara a otros parte de su autoridad. Le dijo a Moisés que debía permitirles tomar decisiones menores y solamente lidiar con las situaciones difíciles. Moisés aceptó el consejo de su suegro y eso le permitió soportar la presión de su labor. A la vez, la gente obtuvo una sensación de logro por las decisiones que tomaban por su cuenta.

Muchas personas se quejan con frecuencia acerca

de lo que esperan hacer o terminan desmoronándose emocional y físicamente, porque no permiten que nadie más les ayude a hacer nada. No piensan que alguien más esté calificado para el puesto como ellos.

Aprenda a delegar. Permita que le ayude tanta gente como sea posible. Si lo hace, usted tendrá mucha más energía y vigor a largo plazo y disfrutará mucho más.

PARTE 4

Cómo ser libre de la comparación, el rechazo y el control

CAPÍTULO
17
En serio, está bien

Las personas complacientes y los adictos a la aprobación se sienten terriblemente cuando sus acciones no les complacen a los demás. Asumen la responsabilidad de las reacciones emocionales de los demás. En mi antigua vida, si yo pensaba que alguien estaba enfadado, insatisfecho o decepcionado, yo me sentía incómoda y no podía sentirme cómoda otra vez hasta que hacía mi mayor esfuerzo para hacer feliz a esa persona.

Yo no me daba cuenta de que mientras estuviera siguiendo la voluntad de Dios para mi vida, las respuestas de los demás no eran mi responsabilidad. No siempre será posible hacer lo que otras personas desean, pero una persona espiritualmente madura aprende a lidiar con la decepción y mantener una buena actitud. Si usted está haciendo lo que cree que Dios le ha dicho que haga y los demás no están complacidos con usted, no es su culpa, es la de ellos.

Cuando era pequeña, mi padre estaba enfadado la mayor parte del tiempo. Yo pasaba casi todo mi tiempo jugando a ser la mediadora de la casa. Constantemente intentaba mantenerlo feliz, porque tenía miedo de su ira.

Cuando me convertí en adulta continué con esta práctica, excepto que lo hacía con todo mundo. Cuando estaba con alguien que parecía insatisfecho, yo siempre sentía que el mal humor de la persona probablemente era mi culpa; y aunque no fuera mi culpa, yo sentía que necesitaba enmendarlo. Hacía todo lo que pensaba que le agradaría a la otra persona, solo para que estuviera feliz, sin darme cuenta de que su felicidad personal era su responsabilidad, no la mía.

Si usted no logra darle a las personas lo que desean y se sienten insatisfechas, no es su culpa. Tenga cuidado con desarrollar una falsa sensación de responsabilidad. Usted ya tiene suficientes responsabilidades legítimas en la vida como para hacerse cargo de aquellas que son ilegítimas.

Si está en un lugar de autoridad—y la mayoría de personas tienen autoridad sobre algo, aunque solo sea el gato o el perro—, usted debe darse cuenta de que rara vez puede tomar decisiones que complazcan a todo mundo. Si es adicto a la aprobación, usted será una mala figura de autoridad. Pero si puede aprender a sentirse bien de seguir a Dios en lugar de complacer a la gente, usted será una persona mejor y más fuerte.

"Debo poder hacer más"

Otra cosa que necesitamos evitar hacer es compararnos con los demás y sentir que debemos poder hacer más de lo que estamos haciendo. La comparación nos hace colocarnos mucha presión innecesaria. Si vemos que otros pueden hacer más que nosotros o que su resistencia es mayor que la nuestra, a menudo sentimos que debemos hacer más. Debido a que nos sentimos culpables, podemos esmerarnos más allá de los límites razonables y terminar hundidos e insatisfechos.

Todos somos diferentes, y todos tenemos diferentes límites. Conózcase y no se sienta mal si no puede hacer lo que otra persona puede hacer. Una variedad de factores, incluso nuestros temperamentos dados por Dios, ayudan a determinar nuestros límites en diferentes áreas.

Yo conozco a alguien llamada Paula, quien está casada y tiene tres hijos. Ella es madre de tiempo completo y ama de casa, pero a menos que alguien le ayude a limpiar su casa una vez a la semana, a ella se le dificulta llevar a cabo todo y permanecer tranquila.

Paula tiene una amiga llamada Mary, quien también está casada y tiene cinco hijos. Mary trabaja fuera de casa dos días a la semana y lleva a cabo todo su trabajo de casa sola, cocina y lava la ropa sin ayuda adicional. De hecho, Mary parece estar más tranquila y menos temperamental que Paula, aunque ella tenga más cosas que hacer.

Paula se siente mal de sí misma, porque parece que no puede realizar todo sin ayuda. En sus pensamientos y sus conversaciones, ella se compara constantemente con Mary y siente que debe ser más como ella.

El carácter de Mary es más llevadero, del tipo que "echan sus cargas" fuera. Paula, por otro lado, es muy melancólica, una completa perfeccionista quien no se siente cómoda a menos que todo esté en orden.

Paula se pone bajo tanta presión que se ha vuelto difícil convivir con ella. Ella lleva una carga de culpabilidad casi todo el tiempo, y eso ha comenzado a afectar su humor y su salud. Dichosamente, ahora ella está obteniendo ayuda a través de un libro que le está enseñando que todos somos diferentes, y que eso es perfectamente aceptable. De hecho, ese es el diseño de Dios.

No podemos controlar el carácter con el que nacimos; esa es una elección de Dios. Podemos trabajar con el Espíritu Santo para lograr un equilibrio, pero básicamente somos quienes somos. Yo siempre tendré una personalidad tipo A, de voluntad fuerte y de liderazgo. De hecho, la mayor parte del tiempo soy tipo A+. Dave siempre será más llevadero que yo, pero eso no significa que yo deba esforzarme por ser como él. Posiblemente pueda aprender cosas de su ejemplo, pero continúo siendo la persona básica que Dios creó.

Algunas personas hacen las cosas más rápidamente que los demás, pero las personas más lentas pueden hacerlo más esmeradamente. Cada uno de nosotros debemos hacer aquello con lo que nos sintamos cómodos. No está mal que Paula necesite ayuda doméstica una vez a la semana y que Mary no la necesite. Estoy segura de que en otros aspectos, Mary tiene necesidades que Paula no tiene.

Durante mucho tiempo, Paula sintió que debería poder hacer más, porque vio que Mary hace más; pero el hecho era que ella no podía hacer más y mantener la compostura. Esa no era una debilidad suya; solamente era la manera en que Dios la creó. Ella no necesitaba poder hacer lo que Mary hacía para poder sentirse aprobada. Sentía que Mary la estaba juzgando cuando, en realidad, ella se estaba juzgando a sí misma y Mary no había pensado nada al respecto. Dichosamente, Paula ahora está comenzando a aceptarse y a aceptar a Mary sin compararse ni sentirse culpable.

Preocuparse por lo que la gente puede estar pensando o diciendo de nosotros, a menudo nos controla. Asumimos que la gente piensa ciertas cosas críticas acerca de nosotros, ¡cuando la verdad es que ni siquiera están pensando en nosotros!

Cuando buscamos favor o aceptación de nuestros críticos, perdemos la confianza o nos alejamos del camino de las decisiones sanas. Hágale frente a sus críticos o terminará siendo controlado. Haga lo mejor que pueda, será el mejor "usted" que pueda ser, y no sienta que debe poder hacer más, solo porque otra persona hace más. Solo sea usted mismo y no se presione para llevar a cabo las cosas exactamente como los demás. Y recuerde: una fuerte confianza en Dios y en su habilidad de escucharlo y ser dirigido por el Espíritu es el antídoto. Dios no le ha dado a nadie más el trabajo de controlar su vida, y nunca lo hará.

CAPÍTULO
18
Rechace el rechazo

Muchos adictos a la aprobación tienen un gran temor al rechazo. En Mateo 10:14, Jesús les enseñó a sus discípulos cómo manejar el rechazo: "Sacudid el polvo de vuestros pies". Básicamente dijo: "No dejen que los moleste. No permitan que los detenga de hacer aquello para lo que han sido llamados".

Jesús fue despreciado y rechazado (vea Isaías 53:3); sin embargo, tal parece que nunca dejó que eso le molestara. Estoy segura de que sintió el dolor como usted y como yo cuando experimentó rechazo, pero no permitió que eso lo detuviera de cumplir su propósito.

Jesús les dijo a sus discípulos que no se preocuparan por el rechazo, porque quienes los rechazaran a ellos, en realidad estaban rechazándolo a Él: "El que a vosotros oye, a mí me oye; y el que a vosotros desecha, a mí me desecha; y el que me desecha a mí, desecha al que me envió" (Lucas 10:16).

El rechazo es una de las herramientas favoritas que Satanás utiliza contra la gente. El dolor del rechazo a menudo provoca a la gente a actuar en temor en vez de audacia. Además, tiene como consecuencia desear complacer a la gente, porque quienes se sienten rechazados temen decirle que no a los demás.

El Señor ama a sus hijos, y Él lo toma personal cuando alguien nos rechaza o nos trata con desdén. Yo sé, por experiencia propia y al ver a otros haber sido rechazados, que el rechazo puede afectar a la gente adversamente en formas graves. Dios desea liberarnos del rechazo y construir nuestra vida en el fundamento firme de su amor.

¿Cómo está su fundamento?

Una persona que está arraigada en el rechazo a temprana edad es como una casa con una grieta en su fundamento. La primera casa que construimos Dave y yo tenía una grieta en el sótano, y provocó problemas periódicamente durante años. Cada vez que había tormentas o lluvias fuertes, el sótano goteaba, y todo lo que se encontraba al paso del flujo de agua, se mojaba. Probamos tres o cuatro métodos diferentes antes de que finalmente lográramos reparar totalmente la grieta.

Las personas que han experimentado rechazo, me recuerdan a esa casa. Cada vez que surge una tormenta o una situación difícil en su vida, todo se vuelve un desastre, incluso ellos mismos. Prueban diferentes métodos para encontrar seguridad, pero nada funciona nunca. Pueden intentar complacer a la gente para encontrar aceptación. A menudo se vuelven adictos a la aprobación.

Viven con el dolor emocional del rechazo—o el temor de ser rechazados, lo cual es todavía peor que el rechazo mismo—.

Un fundamento sólido es la parte más importante de un edificio. Sin este, el edificio no durará mucho tiempo. Todo lo demás que concierne al edificio está construido sobre el fundamento. Si el fundamento es débil o está cuarteado, nada de lo que se construya encima es seguro. Podría derrumbarse o desmoronarse en cualquier momento, en especial si algo como una tormenta o un sismo lo tensa.

La Biblia nos anima a tener un firme fundamento en la vida al edificarla en la roca sólida, no en la arena. La persona que escucha y obedece la Palabra de Dios es como un hombre que, al construir su casa, excavó profundamente y colocó el fundamento sobre la roca. Cuando llegó la crecida, el torrente irrumpió contra la casa y no pudo sacudirla porque estaba anclada seguramente en la roca (vea Mateo 7:24–27).

Si intentamos edificar nuestra vida en lo que la gente dice y piensa de nosotros—cómo nos tratan, cómo nos sentimos o nuestros errores del pasado—, estamos construyendo sobre arena inestable. Aunque lo hayamos hecho, podemos construir un nuevo fundamento para nuestra vida a partir de ahora, uno que esté establecido en la roca de Jesucristo y su amor. El apóstol Pablo oró por la Iglesia que pudiéramos estar

profundamente arraigados en el amor de Dios: "Para
que habite Cristo por la fe en vuestros corazones, a fin
de que, arraigados y cimentados en amor" (Efesios 3:17).
Posiblemente usted no haya tenido un buen comienzo,
¡pero definitivamente puede tener un buen final!

La raíz del rechazo

Cuando la vida de una persona está cimentada en el rechazo, esa persona tiene una "raíz" de rechazo. La palabra *raíz* se refiere al punto de comienzo de algo, al
primer crecimiento de una semilla. Tal como las malas
raíces de una planta no pueden producir un buen fruto,
una raíz de rechazo no puede llevar a una vida feliz y segura. Una raíz de rechazo lleva a un fundamento defec-
tuoso para vivir.

A menudo, las personas que están arraigadas en el
rechazo y han construido sobre él, no comprenden
por qué hacen lo que hacen. Cuando la gente muestra
un mal comportamiento y no sabe por qué, definitivamente no puede cambiarlo. Durante muchos años,
cuando me comportaba erróneamente, la gente me preguntaba: "¿Por qué actúas de esa manera? ¿Por qué res-
pondes de esa manera?". Sus preguntas me frustraban
porque yo no tenía ninguna respuesta. Sabía que mi
comportamiento era confuso e inestable, pero yo no
sabía qué hacer al respecto. La mayor parte del tiempo
simplemente culpaba a alguien más o daba excusas.

Yo respondía con temor a muchas situaciones, a veces en maneras que no eran coherentes en absoluto. Por ejemplo, si Dave se detenía en la entrada de alguien para darle vuelta al coche, yo me volvía frenética, especialmente si teníamos que esperar que otros coches pasaran antes que él pudiera dar toda la vuelta. Yo decía cosas como: "No deberías darte vuelta en la entrada de la gente, ¡a los propietarios no les gusta!"; o: "¡Apresúrate a salir de aquí!".

Durante mucho tiempo, yo no comprendí tales reacciones, hasta que Dios me mostró que estaba reaccionando ante la situación, basada en como esperaba que mi padre reaccionaría si alguien se diera la vuelta en su entrada; él se enfadaría. Yo temía que los propietarios salieran gritando por la puerta principal, como mi padre lo habría hecho. El temor al rechazo arraigado profundamente en mi vida me hizo reaccionar con temor a muchas situaciones que parecían ser ordinarias para una persona emocionalmente sana.

¿Se está comportando en maneras que les parecen confusas a usted y a los demás? ¿Se ha preguntado: "*¿De dónde surgió esto?*", o: "*¿Por qué actúo de esa forma?*"? Espero que le sea útil darse cuenta de que su "fruto" (sus acciones o su comportamiento) surge de sus raíces. Si usted ha estado arraigado en el rechazo, hay esperanza. Si se siente atrapado en un comportamiento que no comprende, no se desespere. El Espíritu Santo le ayudará a dejar de reaccionar a las viejas situaciones y le enseñará a actuar en la Palabra de Dios. Él le dará un sistema de raíces completamente nuevo, un sistema que producirá fruto para su Reino y que no tiene nada de rechazo.

Juan 3:18 afirma que quienes creen en Jesús no sufren juicio, condenación ni rechazo. Jesús nos da gratuitamente lo que nos cuesta ganarnos de la gente y que parece que nunca obtenemos: ¡libertad del juicio, la condenación y el rechazo!

Usted sobrevivirá

Comience a creer que puede sobrevivir al rechazo si necesita hacerlo. Jesús fue rechazado y sobrevivió. ¡Usted también puede! Valore el amor incondicional de Dios más que la aprobación condicional de otros seres humanos, y usted vencerá el rechazo. Cuando le digo que sobrevivirá y vencerá, no quiero decir que apenas lo logrará. Me refiero a que el rechazo en realidad no le molestará. Solamente necesita desarrollar una nueva actitud al respecto.

Si usted tiene un problema en esta área, deje de torturarse con la preocupación de lo que la gente piensa. Usted puede sobrevivir al rechazo. Vivirá a través de él, y cuando la gente termine de pensar cosas desagradables de usted, continuarán pensando en alguien más. Usted tiene el resto de su vida por delante y puede vivir sin ellos. Si usted tiene a Dios, tiene todo lo que necesita.

Si Él sabe que usted necesita algo más, Él también lo proveerá (vea Mateo 6:8, 33-34).

De cualquier modo, usted no es responsable de su reputación. ¡Dios es el responsable! Por lo tanto, relájese y dígase: "Puedo sobrevivir al rechazo. No soy adicto a la aprobación". Dígalo una y otra vez hasta que lo crea y ya no le moleste la manera en que la gente lo trata. Cuando Satanás sabe que no puede herirnos con el rechazo, dejará de obrar en la gente para que nos traiga ese tipo de dolor a nuestra vida. ¡Entonces usted comenzará a ver que tiene un gran futuro por delante!

CAPÍTULO
19
Libérese del control

No podemos avanzar libre y confiadamente hacia el gran futuro que Dios ha planeado para nosotros, si no aprendemos a romper las influencias que buscan controlarnos. Dios envió a Jesús, su único Hijo, para comprar nuestra libertad con su vida.

Si usted está permitiendo que alguien controle su vida—lo intimide, lo manipule y lo lleve a hacer lo que usted sabe en su interior que no está bien—, entonces necesita quebrantar esos poderes controladores. La voluntad de Dios para nosotros no es que seamos controlados por nadie más que por su Espíritu Santo. Dios no puede forzar en nosotros su voluntad, de manera que definitivamente no debemos dejar que otras personas fuercen en nosotros sus deseos.

Los adictos a la aprobación casi siempre terminan siendo controlados y manipulados por los demás. Es bastante insensato permitir que los demás nos controlen al tomar las decisiones por nosotros. La Biblia dice que hay seguridad en la multitud de consejeros (vea Proverbios 11:14). Considerar lo que las demás personas dicen es una buena idea, pero las decisiones finales de nuestra vida las debemos tomar nosotros.

Dios dijo: "Os he puesto delante la vida y la muerte, la bendición y la maldición; escoge, pues, la vida, para que vivas tú y tu descendencia" (Deuteronomio 30:19). Si elegimos la vida, entonces debemos también elegir confrontar a la gente que intenta controlarnos.

El aspecto del control

Deseo resaltar que existen dos tipos principales de control: el control emocional y el control verbal.

El control emocional

La manipulación emocional es una de las características más evidentes del control. Las lágrimas, la rabia y el silencio (especialmente el silencio como forma de rechazo) son métodos que los controladores utilizan con frecuencia para manipular a los demás.

Piense en una pareja recién casada. Posiblemente los padres de ambos lados desean que los recién casados pasen las fiestas con ellos. Los padres controladores pueden utilizar el silencio, la rabia y las lágrimas o la ira para salirse con la suya. Pueden recordarle a la pareja "todo el dinero que les dimos". Esto, desde luego, hace que la pareja se sienta endeudada, y por lo tanto, hace que los padres en realidad no les hayan "dado" nada. La verdadera generosidad no tiene condiciones mediante las cuales lo que dan puedan guiar a los receptores en la dirección en que ellos deseen.

Por el contrario, los padres que actúan apropiadamente le permitirán a la pareja tomar decisiones por sí misma; no los presionarán. Si son padres cristianos, ellos probablemente orarán para que Dios los dirija a ellos y a sus hijos, y luego hagan lo suyo, confiando en Dios que resultará. Los padres que ejercen la menos presión, no siempre pasarán las fiestas con sus hijos adultos, pero recibirán el mayor amor, admiración y respeto de ellos.

Aunque yo estaba engañada acerca de la naturaleza de mis acciones, intenté manipular emocionalmente durante años. Cada vez que Dave no deseaba hacer lo que yo quería que hiciera, me enojaba, me quedaba callada, lloraba, me enfadaba, actuaba patéticamente y limpiaba la casa o trabajaba duro en otros asuntos, esperando hacerlo sentirse culpable o sentir lástima por mí. No funcionaba.

Sin importar cómo actuara yo, Dave permanecía feliz y hacía lo que él sentía que debía hacer. Si yo hubiera logrado controlarlo con mis emociones, continuaría estando bajo la misma esclavitud. Él me confrontó y se negó a permitir que mi comportamiento le afectara, y me alegra. No haberme confrontado me habría permitido continuar con mis comportamientos controladores. Si usted es controlador y desea ser valiente, ore que

Dios lleve a la gente a confrontarlo cuando realmente lo necesite. Luego ore que reciba la confrontación sin responder a la defensiva con ira, acusaciones y excusas.

El control verbal

Algunas personas pueden intentar controlarnos con palabras de fracaso, derrota, una obligación antinatural, culpabilidad, crítica e intimidación. A veces utilizan amenazas. Por ejemplo, pueden amenazarnos con perder la relación (rechazo). En otras palabras, pueden insinuar que si no deseamos hacer lo que ellos quieren que hagamos, ya no desearán tener una relación con nosotros. Yo creo que muchos adolescentes se involucran en drogas, alcohol y conductas sexuales inapropiadas, porque los amenazan con la pérdida de la relación. A eso lo llamamos "presión social", pero en realidad es control.

Cómo reconocer a un controlador

Si usted está siendo controlado, el controlador probablemente sea alguien a quien ama y respeta, o al menos alguien que le agradó o que respetó alguna vez. Usted pudo haber perdido su respeto por esa persona por causa del control, pero está tan inmerso en el ciclo que no sabe cómo liberarse.

El controlador puede ser alguien que usted necesita y él lo sabe. Puede ser alguien que lo apoya económicamente, y usted no sabe lo que haría si esa persona no estuviera en su vida. Podría ser alguien con quien se siente endeudado por alguna razón, alguien que ha hecho mucho por usted en el pasado, y quien regularmente se lo recuerda. Podría ser alguien a quien usted lastimó en el pasado y ahora siente que necesita recompensarlo por el resto de su vida.

El controlador también puede ser alguien a quien le teme. Usted puede temer el daño o la pérdida personal, como cuando los padres amenazan con eliminar a un hijo del testamento y no dejarles nada si no hacen todo lo que los padres desean.

O el controlador puede ser alguien que fue controlado en la infancia y ahora funciona con un comportamiento aprendido. Puede ser una persona orgullosa, egoísta o perezosa, alguien que desea y espera que todos los demás le sirvan.

El controlador además puede ser una persona profundamente insegura y temerosa que se siente mejor con la vida cuando tiene el control. Puede ser que necesite tener la primera posición para sentirse seguro.

¿Qué tipo de personas son controladas?

La persona que tiene la mayor probabilidad de ser controlada es alguien que siempre ha sido controlado, por lo que ser controlado es un hábito, un estilo de vida. Tal persona no está acostumbrada a tomar sus propias decisiones. Puede ser una persona insegura, temerosa y tímida que nunca ha practicado confrontar nada ni a nadie. Su excusa es: "No me gusta confrontar". Mi respuesta es: "Todos tenemos cosas que no nos gusta hacer".

Una persona controlada puede estar confundida acerca de la sumisión a la autoridad. Posiblemente no logre distinguir la diferencia entre la sumisión divina y la clase equivocada de control demoníacamente instigado. Necesita saber que el enemigo controla; Dios dirige.

La persona controlada tiene una pobre autoimagen. Puede subestimar tanto su persona y sus habilidades que asume que todos los demás siempre tienen razón y ella siempre está equivocada. Cuando alguien no está de acuerdo con ella, instantáneamente se cierra y se somete.

Quien es controlado puede depender de los demás para su cuidado, sus finanzas, un lugar para vivir, empleo, compañía y otras cosas. La persona controlada puede haber hecho mal alguna vez y ahora siente que tiene una deuda con el controlador, de manera que permite que el control continúe.

Cinco pasos para ser libre del control

Si no logra interactuar con los demás sin que un controlador lo haga sentirse tenso y culpable por estar disfrutando, usted está siendo controlado.

O posiblemente no pueda hacer nuevas amistades sin que el controlador se vuelva celoso o posesivo. Usted siente que siempre necesita reportarse con el controlador antes de hacer cualquier cosa. Usted no tiene una vida personal. Tiene que decirle todo al controlador, invitarlo a todos lados y obtener su opinión de todo.

Estas son señales de una crisis que debe ser abordada. Miremos cinco pasos importantes para ser libre del control.

1. El primer paso para liberarse del control es reconocer que está siendo controlado. No piense que simplemente está manteniendo la paz al no lograr confrontar el comportamiento erróneo.

2. Una vez que reconoce que está siendo controlado, decida hacer algo al respecto. No permita que continúe. Esto necesitará algo de oración y determinación; no se desanime si también requiere de algún tiempo.

3. Descubra cómo lo controla la persona. ¿Es a través del temor, la ira, el silencio, la rabia, las lágrimas, las amenazas o de alguna otra manera? Reconozca rápidamente las tácticas de control y resístalas inmediatamente.

4. Posiblemente tema confrontar, pero debe hacerlo aunque tenga que hacerlo con temor. Si usted se mantiene firme, el controlador finalmente pasará de la ira al respeto. Posiblemente tema perder la relación, y esa es una posibilidad. Todo lo que puedo

decir es que usted estaría mejor sin la relación que pasar su vida siendo controlado y manipulado.

5. No intente hacer ninguno de estos cambios sin mucha oración. Ore por las personas que necesita confrontar y pídale a Dios que prepare su corazón. Pídale que los haga conscientes de sus acciones, incluso antes de que usted hable con ellos.

Una vez que se libere del control, usted estará en camino a ser libre de la adicción a la aprobación. Mientras continué encontrando libertad y fuerza, usted puede comenzar a ayudar a otras personas que luchan con los mismos problemas que usted ha tenido.

PARTE 5

Avance a un gran futuro

CAPÍTULO
20
Ponga su dolor a obrar para bien

No hay forma de pasar por la vida sin experimentar dolor. Pero no tenemos que desperdiciarlo. Sin importar lo que suceda en nuestra vida, si continuamos orando y confiando en Dios, amándolo y caminando en su voluntad lo mejor que podamos, Él hará que todo obre para bien (vea Romanos 8:28). Lo que nos haya sucedido en el pasado pudo no haber sido bueno en sí, y pudo habernos llevado a luchar con la aceptación y con un deseo de aprobación, pero Dios es bueno, Él puede tomar una situación difícil y dolorosa y hacer que obre para nuestro bien y para el bien de los demás.

El propósito de Dios va más allá de nuestra comprensión

El único monumento en el mundo construido con forma de escarabajo—para honrar a un escarabajo—, se encuentra en Enterprise, Alabama.

En 1915, el gorgojo mexicano de algodón invadió el sureste de Alabama y destruyó 60% de la cosecha de algodón. Desesperados, los granjeros se dedicaron a plantar maníes. Para 1917, la industria del maní se había vuelto tan rentable que ese condado cosechó más maníes que cualquier otro condado de la nación. Como gratitud, la gente de la ciudad erigió una estatua que contenía las siguientes palabras: "Con aprecio profundo al gorgojo de algodón y a lo que ha hecho para crear prosperidad".

El instrumento de su sufrimiento se había convertido en el medio de su bendición.

Dios es un Dios de propósito. Posiblemente no siempre comprendamos su propósito, pero podemos estar seguros de que definitivamente tiene uno. Algo puede parecernos terrible al principio, no obstante, todo el tiempo Dios planea mostrar su gloria al producir bien de ello.

Vemos un ejemplo de esta verdad en el relato bíblico de la muerte de Lázaro (vea Juan 11:1-44). Lázaro estaba enfermo, de manera que sus hermanas, María y Marta, le enviaron un mensaje a Jesús, diciendo: "Señor, he aquí el que amas está enfermo" (v. 3). Cuando Jesús recibió el mensaje, dijo que la enfermedad lo llevaría a la muerte, pero que sucedió para que Dios pudiera ser glorificado. En lugar de acudir con Lázaro cuando estaba enfermo y sanarlo, esperó hasta que falleció. Jesús resucitó a Lázaro de la muerte. Pudo haber evitado que falleciera, pero lo permitió para que la gente pudiera ver el poder hacedor de milagros de Dios y supiera que nada es demasiado difícil para Él.

A veces podemos preguntarnos por qué Dios espera tanto tiempo para venir a nuestro rescate y por qué permite que sucedan ciertas cosas. No siempre podemos averiguar lo que Dios está haciendo o por qué lo está haciendo, pero si confiamos en Él, Él sacará algo maravilloso de ahí. Dios tiene un propósito para usted también. No importa por lo que haya pasado, Él lo está sanando y preparándolo para ayudar a otros.

Herido, sanado y listo para ayudar

Los hermanos de José lo lastimaron y lo rechazaron, y sabemos a partir de la Palabra de Dios que los hermanos estaban celosos de él porque su padre lo favorecía. Ellos lo vendieron como esclavo y le dijeron a su padre que unos animales salvajes lo habían matado. Fue llevado a Egipto, donde pasó trece años en prisión por un delito que no cometió (vea Génesis 37-41).

Pero Dios estaba con José, y él pudo interpretar sueños. El gobernante de Egipto, Faraón, tuvo un sueño que José interpretó, y él lo liberó de prisión. José fue a trabajar para Faraón y lo pusieron a cargo de todo; básicamente, él era el administrador de todo el país. Durante una gran hambruna, José estuvo en una posición donde pudo salvar a multitudes, incluso a su padre y a sus hermanos, quienes lo habían tratado tan cruelmente.

Esta historia es una de las más alentadoras de la Biblia. Nos enseña el poder de una buena actitud durante los tiempos difíciles. Vemos que no importa dónde estemos, Dios puede darnos favor. También vemos el poder del perdón cuando José estuvo dispuesto a alimentar a sus hermanos, quienes lo habían lastimado tanto. La Biblia dice que los caminos de Dios son insondables (vea Romanos 11:33). Posiblemente no siempre comprendamos, pero podemos confiar.

José había sido lastimado, pero fue sanado y estuvo listo para ayudar. Sus luchas lo convirtieron en una mejor persona, no en una persona amargada. Solo piense cuán diferente pudo haber sido su vida si se hubiera negado a mantener una actitud divina a lo largo de su prueba.

Cuando leemos acerca de las personas de la Biblia y de lo que soportaron, no siempre pensamos acerca de las emociones que debieron haber experimentado. Leemos sus historias como si las personas fueran personajes de ficción, pero son personas reales como usted y yo. Sintieron las mismas emociones que nosotros sentiríamos en su situación.

El esposo de Ruth murió. Estoy segura de que eso la lastimó terriblemente. Sin duda, ella se sentía sola; no obstante decidió cuidar a su suegra, una mujer anciana llamada Noemí, a quien acompañó a su patria. Una vez allá, ellas tenían muy pocas provisiones, por lo que Ruth tuvo que recoger espigas para que pudieran comer. Ella terminó desposándose con un hombre llamado Booz, quien era sumamente adinerado. Como resultado, Ruth y Noemí recibieron todo lo que necesitaban. Además, al darle un hijo a Booz, Ruth se convirtió en parte del linaje ancestral de Jesús (vea Mateo 1:5).

La razón por la que relato estas historias es que José, Ruth y muchos otros sufrieron dolor, recibieron sanidad y luego ayudaron a otros.

¿Alguien o algo lo ha herido? De ser así, usted puede tomar la misma decisión que estas personas. No pase su vida enfadado ni amargado; no permita que su dolor emocional lo encarcele en una lucha perpetua con la aprobación. Reciba sanidad y consolación de Dios, y luego ayude a alguien más. No desperdicie su dolor.

Durante la Segunda Guerra Mundial, Corrie ten Boom y su hermana, Betsie, fueron detenidas en un horrible campo de concentración, llamado Ravensbruck. Ellas vieron y sufrieron terribles tormentos, incluso inanición y desnudez en temperaturas congelantes. De hecho, Betsie murió de inanición. Durante su tiempo ahí, sin embargo, ellas animaron continuamente a otros prisioneros. Ellas mantuvieron una actitud de alabanza, y finalmente Corrie fue liberada del campo de concentración por un error administrativo.

Luego de su liberación, ella viajó por el mundo relatando sus experiencias y la fidelidad de Dios. Su ministerio definitivamente se volvió más poderoso y efectivo de lo que habría sido sin sus pruebas y su sufrimiento. Su vida y su ministerio inspiraron y confrontaron a millones. Aunque Corrie había sido gravemente herida, ella permitió que Dios la sanara y luego ayudó a otros.

Como lo he mencionado, yo fui abusada y gravemente herida. Cuando era una joven de apenas veintitantos años, no podía recordar ser feliz ni sentirme segura de verdad. Pase varios años enfadada, amargada y resentida. Estoy agradecida de haber aprendido a recibir el consuelo y la sanidad de Dios, y de que ahora pueda ayudar a otras personas. Tengo experiencia con el sufrimiento y he tenido que aprender muchas lecciones, de manera que puedo ayudar a otros a través de sus situaciones difíciles y enseñarles lo que Dios me ha enseñado.

Se solicita ayuda experta

¿Alguna vez ha necesitado un empleo, pero cada anuncio de empleo que lee necesitaba a alguien con experiencia? Dios también desea ayuda experta. Cuando vamos a trabajar para Dios en su Reino, Él usará todo lo que sucedió en nuestro pasado, sin importar cuán doloroso fue. Él lo considera experiencia. Hemos pasado por algunas cosas difíciles y esas cosas nos califican para ayudar a llevar a alguien más a través de ellas también.

Mire cómo puede utilizar su dolor para beneficio de alguien más. ¿Su desastre puede convertirse en su ministerio? Posiblemente haya pasado por tantas cosas que siente que tiene experiencia suficiente para especializarse en un área. Yo soy especialista en superar la vergüenza, la culpabilidad, la mala autoimagen, la falta de confianza, el temor, la ira, la amargura, la autocompasión y otras situaciones negativas. Deje atrás su dolor y obtenga su "maestría" para poder trabajar en el Reino de quien es Maestro en restaurar a personas heridas y en ser una bendición para otros.

CAPÍTULO
21
Sea una bendición

Nuestra hija, Sandra, una vez temió ver a cierta persona, porque esa persona no había sido amable con ella en el pasado. Mientras ella luchaba con pensamientos negativos acerca del inminente encuentro, Dios le habló al corazón y dijo: "No debes preocuparte de cómo te traten los demás; tu preocupación debe ser cómo los trates tú".

Este mensaje ejerció un fuerte impacto en Sandra y en mí. Cuán verdadero es. Estamos tan preocupados acerca de cómo nos tratan que casi no nos preocupamos de cómo tratamos a los demás. Estoy de acuerdo en que es difícil no preocuparse de que quienes nos han tratado mal en el pasado lo hagan de nuevo. Por ello es tan importante que no pensemos al respecto. Podemos depositarnos en Dios y confiar en que Él nos cuide (vea 1 Pedro 4:19). Él es nuestro Redentor (vea Job 19:25), y mientras nos comportemos apropiadamente con los demás, incluso con nuestros enemigos, Dios traerá recompensa a nuestra vida.

Debido a lo que Dios había hablado al corazón de Sandra, ella llegó a la reunión con una actitud completamente distinta. Ella se concentró en ser amable con la persona que no había sido amable con ella anteriormente. Se esforzó por ser alentadora y por mostrar interés en la otra persona. Ella me contó que los resultados fueron bastante asombrosos. Pasó varios días con aquella persona y ni una sola vez se sintió maltratada de ninguna forma.

La Biblia dice que nosotros debemos hacer "el bien" (Gálatas 6:10). Eso significa que tenemos que estar conscientes de las maneras en que podemos ayudar a los demás, como Sandra lo hizo. Cuando nuestra mente está llena de maneras de ser una bendición, no tenemos tiempo de obcecarnos en los problemas personales. Eso le da a Dios la oportunidad de trabajar en ellos por nosotros.

La sanidad primero

Usted puede estar pensando: *Yo he estado herido y deseo ayudar a los demás, ¡pero primero necesito sanidad!* Yo utilizo con frecuencia el lema: "¡Herido, sanado y listo para ayudar!". La sanidad es vital. Muchas personas heridas están ahora en el ministerio y están intentando sanar a otros, pero ignorando su propio dolor. El ciego no puede guiar al ciego; si lo hacen, ambos caerán en el hoyo (vea Mateo 15:14). Intentar ayudarles a los demás mientras ignoramos nuestros propios problemas nunca resulta bien. Esto no significa que no podamos ser usados para ayudar a la gente, porque definitivamente podemos, pero no debemos ignorar nuestra propia necesidad de sanidad. Parte de nuestra propia sanidad puede ser acercarnos a los demás, pero no debemos "ayudar a otros" como un escape de nuestros propios problemas.

"¿Cómo viene nuestra sanidad?". Necesitamos la ayuda del Médico Divino. Necesitamos su presencia en nuestra vida. Pasar tiempo con Dios es lo más vital que podemos hacer, especialmente cuando hemos sido heridos.

Debemos pasar tiempo leyendo y estudiando la Palabra de Dios, porque tiene el poder inherente para sanar. La Biblia dice que debemos atender la Palabra de Dios, porque esta trae salud y sanidad a nuestra carne (vea Proverbios 4:22). Nuestras emociones y nuestra mente son parte de lo que la Biblia llama "la carne". De acuerdo con Salmos 119:30, la entrada de Dios trae luz, algo de lo que muchos de nosotros carecemos. No siempre vemos lo que necesitamos hacer. A menudo no vemos nuestros propios problemas. Pensamos que todos los demás tienen un problema, y si ellos cambiaran, todo estaría bien. Necesitamos la luz de Dios para comprenderlo nosotros mismos, y la luz viene de su Palabra.

Cuando comencé mi viaje de sanidad con Dios, su Espíritu Santo comenzó a dirigirme a la verdad. La verdad es otra manera de describir la luz. Había muchas cosas que yo no comprendía. No comprendía por qué me sentía de cierta manera en ciertas situaciones o con respecto a cierto tipo de gente. Mi carencia de luz trajo confusión a mi vida. Contribuyó con mis sentimientos negativos acerca de mí misma. A mí no me gustaban muchos de mis modos, pero no podía hacer nada al respecto porque estaba en las tinieblas. ¡Estaba atrapada! No me gustaban las cosas que hacía; no las comprendía, pero continuaba haciéndolo.

Cuando la verdad y la luz llegaron a mí a través de la Palabra de Dios, me di cuenta de que a veces interactuaba con los demás de cierta manera, no porque fuera una persona mala, como el enemigo intentaba hacerme creer; simplemente estaba asustada. Había desarrollado un sistema complejo de modos para protegerme y cuidarme a mí misma. Yo sabía cómo manipular casi cualquier situación para asegurarme de que nadie se aprovechara de mí. No obstante estaba cansada de intentar protegerme y cuidarme todo el tiempo. Decía que deseaba que alguien me cuidara, pero cuando alguien lo intentaba, yo no lo permitía. Ni siquiera permitía que Dios me cuidara. Pero su luz me hizo libre. Poco a poco me mostró cosas que me abrieron los ojos y el corazón, y permitieron que llegara el cambio.

Toda la sanidad es un proceso que toma tiempo; esto sucede en especial con la sanidad emocional. Puede no ser fácil. Pasar tiempo con Dios en su Palabra y en su presencia son dos ingredientes principales para ser sanado luego de haber sido herido.

Ayude a alguien a propósito

Mientras le está permitiendo a Dios trabajar en su vida, utilice su dolor. Sea agresivo para ayudar a los demás. No espere hasta que sienta hacerlo. No espere alguna clase de señal sobrenatural de que Dios desea usarlo. Solo comience a hacerlo. Dios lo usará en su mundo, con la gente que está a su alrededor en la vida diaria. Lo que usted haga que suceda para alguien más, Dios lo hará suceder en usted. Cada semilla que ha plantado en la vida de alguien más representa la cosecha que usted recogerá en su propia vida—en especial en su búsqueda por superar la adicción a la aprobación—.

No desperdicie su dolor. ¡Qué sea la recompensa de alguien más!

Conclusión

Todos deseamos sentirnos satisfechos. Todos deseamos contentamiento. Todos deseamos saber que somos amados y respetados por quienes somos. Podemos pensar que la aceptación y la aprobación de la gente nos hará sentirnos plenos. Sin embargo, la Biblia nos enseña que cuando confiamos en que la gente nos dé lo que solamente Dios puede darnos, vivimos bajo una maldición; pero cuando creemos, confiamos y nos apoyamos en el Señor, somos bendecidos (vea Jeremías 17:5-8). El gozo, la paz y la plenitud que buscamos viene de estar llenos de Dios, y nada más.

Yo le animo a que lea el libro de Eclesiastés, escrito por un hombre llamado Salomón, quien literalmente intentó todo para encontrar este tipo de profunda plenitud y satisfacción internas. Nada de lo que intentó funcionó hasta que regresó al principio y se dio cuenta de que aquello que en realidad deseaba había estado a su disposición todo el tiempo. ¡Él deseaba a Dios!

Si usted nunca ha aceptado a Jesús como su Salvador, ese es un buen lugar para comenzar. Pero ni siquiera eso arreglará todo en usted y en su vida, a menos que también lo acepte como su Señor. Jesús pretende ser todo para nosotros. Él no hace nada a medias. Él nunca estará satisfecho con tener un pequeño rincón de nuestra vida. Él desea dirigir toda la casa. Como creyentes en Jesús, nosotros somos su morada, y no debe haber zona vedada alguna para Él.

A mí me tomó años de perseguir cosas para descubrir que tenía lo que siempre necesité. Yo estaba completa en Jesucristo (vea Colosenses 2:10). ¡Todo lo que necesitaba hacer era creerlo!

A medida que me acerco al final de este libro, mi deseo es dejarlo sintiéndose completo, satisfecho y pleno. No deseo que se sienta vacío ni frustrado, y que continúe buscando algo para llenar ese vacío, algo que solamente añadirá al dolor que ya está experimentando.

Reciba lo que se le ha dado

Conozca quién es usted en Jesús y comprenda la justicia que usted tiene (los términos de su posición delante de Dios), la cual se encuentra solamente en Cristo. Todo lo que necesita está disponible para tomarlo. Todo lo que tiene que hacer es recibir por fe lo que Jesús ya ha provisto.

Deje que la fe tome las riendas y los sentimientos le seguirán. En primer lugar, usted debe creer que Dios lo ama; afírmese en ello diariamente, meditando en ello y hablándolo. Sus sentimientos vendrán después. Comience a creer que ha sido hecho aceptable en Jesús.

Pídale favor con las personas correctas y no se preocupe de aquellas que parece que no lo valoran. ¡Ellos se lo están perdiendo, porque usted es en realidad una persona grandiosa, y tener una relación con usted es algo altamente deseable!

Dios no desea que usted sea atormentado por la desaprobación de otras personas; en cambio, Él desea que se regocije en la aprobación de Dios. ¡Él lo ama! Usted es una persona especial y única, y Él tiene un plan asombroso para su vida. No permita que la gente ni el diablo se lo roben.

Medite en su posición en Cristo de acuerdo con la Palabra de Dios, no de acuerdo con lo que la gente piensa y dice de usted. Recuerde que la gente decía cosas terribles de Jesús y lo rechazaron; no obstante, la Biblia dice: "La piedra que desecharon los edificadores ha venido a ser cabeza del ángulo" (Salmos 118:22).

Yo creo que Dios está haciendo algo poderoso en usted y continuará llevando a cabo algo asombroso a través de usted. Viva para agradar a Dios, no a la gente. Usted tiene la aprobación de Dios, ¡y es todo lo que necesita en realidad!

OTROS LIBROS DE JOYCE MEYER

El campo de batalla de la mente
(más de tres millones de copias vendidas)
Cambia tus palabras, cambia tu vida
Hazte un favor a ti mismo... perdona
Come la galleta... compra los zapatos
Dios no está enojado contigo
Vive por encima de tus sentimientos
Cómo formar buenos hábitos y romper malos hábitos
Pensamientos de poder
Madre segura de sí misma
La revolución de amor

DEVOCIONALES

Termina bien tu día
Empezando tu día bien

DIRECCIONES DE LAS JOYCE MEYER MINISTRIES OFICINAS EN EE. UU. Y EN EL EXTRANJERO

Joyce Meyer Ministries
P.O. Box 655
Fenton, MO 63026
USA
(636) 349-0303

Joyce Meyer Ministries—Canadá
P.O. Box 7700
Vancouver, BC V6B 4E2
Canadá
(800) 868-1002

Joyce Meyer Ministries—Australia
Locked Bag 77
Mansfield Delivery Centre
Queensland 4122
Australia
(07) 3349 1200

Joyce Meyer Ministries—Inglaterra
P. O. Box 1549
Windsor SL4 1GT
United Kingdom
(0) 1753 831102

Joyce Meyer Ministries—Sudáfrica
P.O. Box 5
Cape Town 8000
South Africa
(27) 21-701-1056

ACERCA DE LA AUTORA

JOYCE MEYER ES una de los principales maestros prácticos de la Biblia mundialmente. Su programa de televisión y radio, *Disfrutando la vida diaria*, se transmite en cientos de canales televisivos y radiales en todo el mundo.

Joyce ha escrito más de cien libros inspiradores. Entre sus libros de mayor venta se encuentran: *Dios no está enojado contigo*; *Cómo tener buenos hábitos y romper malos hábitos*; *Hazte un favor a ti mismo...perdona*; *Vive por encima de tus sentimientos*; *Pensamientos de poder*; *El campo de batalla de la mente*; *Luzca estupenda, siéntase fabulosa*; *Mujer segura de sí misma* y *Tienes que atreverte*.

Joyce viaja extensivamente, llevando a cabo congresos a lo largo del año, hablándoles a miles de personas alrededor del mundo.